QIYE YOUXIU BANZU ANQUAN JIANSHE FANGFA XILIE DUBEN

企业优秀班组安全建设方法系列读本

优秀班组安全文化建设

孙守仁 著

中国劳动社会保障出版社

图书在版编目(CIP)数据

优秀班组安全文化建设/孙守仁著. —北京：中国劳动社会保障出版社，2013
(企业优秀班组安全建设方法系列读本)
ISBN 978-7-5167-0386-1

Ⅰ.①优… Ⅱ.①孙… Ⅲ.①生产小组-工业企业管理-安全管理 Ⅳ.①F406.6

中国版本图书馆 CIP 数据核字(2013)第 103989 号

中国劳动社会保障出版社出版发行

(北京市惠新东街 1 号 邮政编码:100029)

出 版 人:张梦欣

*

新华书店经销

北京地质印刷厂印刷 三河市华东印刷装订厂装订

787 毫米×1092 毫米 16 开本 10 印张 185 千字

2013 年 5 月第 1 版 2013 年 5 月第 1 次印刷

定价:25.00 元

读者服务部电话：(010) 64929211/64921644/84643933

发行部电话：(010) 64961894

出版社网址：http://www.class.com.cn

内 容 简 介

企业的安全发展和科学发展，关键是夯实基础，重点是抓好班组安全文化建设。对于这个问题，作者不是从定义出发，而是着眼于实际，重点论述班组安全文化建设的内容、重点以及方法。主要有“九抓”：抓兵头将尾、抓安全管理、抓细节、抓应知应会、抓习惯性违章、抓手指口念、抓岗位练兵、抓精益求精、抓安全创新和优质高效。实质上就是抓住了班组安全文化的核心。

本书共分二十章，每章配有安全漫画、内容精讲和细说案例。形式生动活泼，语言朗朗上口，可读性强，紧密结合班组实际，字里行间渗透班组安全文化建设有关内容。

本书从班组实际出发，集通俗性、应用性、指导性和创新性为一体。适合于基层管理人员特别是班组长阅读，也可作为班组安全培训教材。

前　言

班组安全文化建设到底怎样搞，这是个大题目，如果泛泛地谈，从理论到理论，从概念到概念，毫无意义，非但说不出子丑寅卯，相反是越说越空洞。有些企业习惯于做表面文章，不结合安全生产实际，甚至把班组甩到一边，打隔山炮，花费很多人力、物力、财力，却没有抓到正地方，时有事故发生。离开班组抓安全，那是徒劳的，以往的经验教训都体现于此。只有从企业安全实际出发，抓基层，打基础，把安全工作的重点放在基层，放在生产班组，安全生产才能有章可循，才能抓出实效。

本书共有 20 章，每章都有个侧重点，采取精讲、细说事故案例等形式，阐述要领，做到有理有据，相得益彰。既从字里行间渗透班组安全文化建设，又能学会怎样抓安全文化建设，一举两得。比如，第一章兵头将尾排头兵，实际上，班组安全好与差，主要看班组长。班组长既是兵头将尾，是“细胞核”，又是安全第一责任人，只有班组长负起责任，敢于制止违章，遇到安全隐患积极治理，不放过任何蛛丝马迹，才能创造良好的安全生产环境。本书从每章的内容来看，既可单独成章，又具鲜明个性。从总体来看，章与章之间，又互相联系，形成一个整体。具体说来，主要是“九抓”：抓兵头将尾、抓安全管理、抓细节、抓应知应会、抓习惯性违章、抓手指口念、抓岗位练兵、抓精益求精、抓安全创新和优质高效。通过“九抓”，班组长知道应该做什么，即怎样当好班组长，怎样培育特别能战斗的队伍，这是企业实力之所在。没有过硬的班组，就没有安全生产，就没有产品质量，就没有经济效益和社会效益。

本书具有以下特点：一是实用性。紧密结合企业班组实际，看得见，摸得着，对班组安全文化建设大有裨益。二是操作性。到底怎样抓班组安全文化建设，不是空谈理论，而要有具体方法，有具体措施，不管是新老班组长，一看便知，一做便会，积累经验，成为称职的班组长。三是直观性。通过安全漫画，加深对每章内容的理解，极易留下深刻印象。四是通俗性。具有以下特点：其一，喜闻乐见，每章内容，分为安全漫画、内容精讲和细说案例。其二，通俗易懂，深入浅出，语言通畅，诙谐，口语化。其三，细说案例，像讲故事一样，通过故事，消化本章内容，举一反三。

孙守仁

2012年11月27日

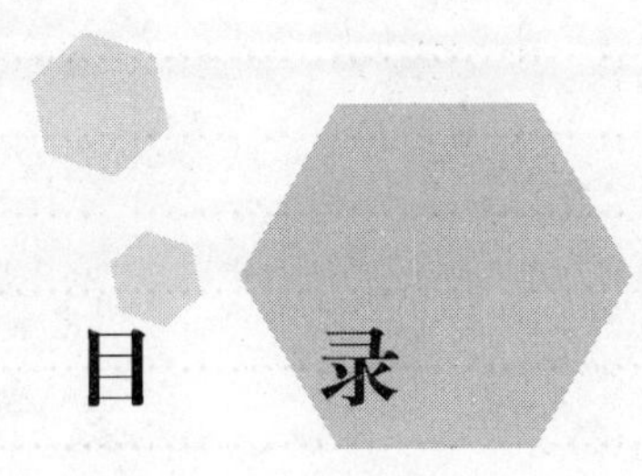

目 录

第一章

兵头将尾排头兵

一、相关漫画

媳妇永远是老大

二、兵头将尾精讲

(一) 班组的由来

1. 班组的雏形

在奴隶制的商代，在青铜器的制造中就有班组的雏形。如著名的司母戊大方鼎，重达 875 kg，要铸造这样一个巨型青铜器，需要七八十个坩埚，一两百个工匠，要有组织，更要有分工协作。到了封建社会，生产力有了很大发展，西汉兴修水利工程，其中的漕渠，引渭水从长安向东，直通黄河，于公元前 129 年，由著名水工徐伯带领九万多人开凿，它缩短了漕渠的航道，又灌溉了大量的土地。还有举世无双的万里长城的修筑等。在所有的这些工程中，都包含这样一个事实，即大规模的劳动群体的集合、生产资料的集结、有组织有目的的活动。这种组织的最小单位为以后在工业生产中班组的产生奠定了基础。

2. 班组的产生

由于生产力的发展，人们物质需求的增加，个体手工业和原始式协作生产远远满足不了市场需求。因而，劳动过程扩大了生产规模，并为社会提供了大量的产品，这是大生产的起点，也是班组形成的根源。随着生产方式的变革，工场手工业向大工业转化，由于技术与装备水平比较高，生产的连续性，班组的编制更加紧密、更加精练，所担负的生产工序更长，班组凸显出应有的魅力。随着社会的发展，班组就生产的特殊要求方面而言，已达到成熟条件。现代企业的班组，就像链条一样，一旦发生问题，会使整个大生产处于瘫痪状态，由此可见，班组在企业中的地位和作用非常重要。

3. 班组的任务

(1) 完成各项任务

企业效益源于产品的质量和数量。企业把各项指标落实到各个班组，班组的成绩优劣，直接关系到职工的切身利益，又关系到企业的发展和走向，关系到企业的经济效益和社会效益。在某种意义上讲，班组是企业前沿阵地，又是企业兴衰的晴雨表。以煤矿为例，煤矿把任务落实到采掘队，采掘队再分解到每个班组，班组任务完成得好坏，决定煤矿的经济效益。

(2) 守住安全阵地

生产与安全，二者是相辅相成的，是不可分割的一个整体。班组处于生产一线，安全隐患出在班组，班组直接受到事故的威胁。安全搞不好，生产受影响，完成任务是句空话。因此，班组要时刻绷紧安全这根弦，树立安全意识，抠好细

节，人人遵章守纪，做到万无一失。然而，生产中难免发生意外，遇到险情，要有安全措施，或安全预案，切实保证工人安全。“企业安全看班组，班组安全看工人”，这话很有道理。

（3）出人才出精品

班组最能锻炼人。企业产品出于班组，班组每个成员又决定着产品质量的优劣。很多先进模范人物出自生产一线，出自班组。比如，1205 队钻井队队长、工人阶级的榜样——铁人王进喜，1958 年 9 月，他带领全队月钻井进尺 5 009.3 m，创当时的全国纪录，享誉中外，并培养了一批特别能战斗的工人。同时，班组又是人才的摇篮。班组既要出产品，又要出人才，二者是一致的。没有班组锻炼，不会熟能生巧；没有生产实践，也不会发明创造。所以说，班组的任务之一就是出精品、出人才。

（二）班组长的选拔

1. 班组长的标准

（1）识大体，顾大局，爱岗敬业，高效优质，圆满完成各项任务。

（2）以人为本，模范遵守规章制度，不蛮干、不瞎指挥，严把安全关。

（3）技术精，有专长，敢啃硬骨头，敢打硬仗，特别能战斗。

（4）民主管理，坚持原则，不徇私情，公开、公正、公平，一碗水端平。

（5）会沟通，讲组织协调，善于团结，会调动工人的积极性和创造性。

2. 班组长的产生

（1）毛遂自荐。敢于亮剑，有管理策略，有施政理念，敢于承担责任。

（2）领导推荐。这种办法适用于新成立的班组，一时找不出人选，但要少用为好。即使领导推荐，仍然要坚持优中选优，而不能任人唯亲。

（3）民主选举。采取组织推荐、公开竞聘或民主选举等方式选拔。步骤是：竞聘对象做施政演说，内容包括怎样带队伍、有哪些班组管理理念、采取哪些措施等。最后经过大家投票选举，得票多者当选。

（三）班组长的培养

1. 举办培训班

学习理论知识，掌握管理方法，增长指挥才能，带好队伍。定期举办班组长培训班。主要是三讲三把：即讲安全，把住安全关；讲管理，把住分配关；讲法律法规，把住安全意识关。对新当选的班组长要进行系统培训，以使其胜任工作。

2. 交任务，压担子，加大培养力度

人是逼出来的，功夫是锻炼出来的。由领导考核，进行点评，指出优缺点，

总结经验教训。重在安全管理，抠细节，查隐患，减少和避免事故发生。

3. 以老带新

新任班组长同老班组长结成对子，传授经验教训，培养以下3种能力：过硬的工作能力；解决问题的能力；凝聚班组职工的能力。

4. 坚持干中学，学中干

能力源于实践，经验源于总结。

(四) 班组长的任用和奖励

(1) 应从优秀班组长中选拔干部。如安全员、车间主任、站段长都应从他们中选拔和任用。这样做的好处有以下3个：

1) 有利于调动班组长积极性和创造性。

2) 有利于稳定班组长队伍。

3) 有利于坚持从生产一线选拔干部的原则。

(2) 应优先从优秀班组中评选劳动模范和先进生产者、党代表和人大代表。其理由是：一是实现他们的人生价值；二是因为他们是先进生产力代表；三是众望所归。

(3) 鼓励优秀职工竞聘班组长，可以极大地激发和鼓舞基层班组长的干劲。班组长只要干得好，就会有荣誉、有待遇、有发展。

(五) 班组长的地位和作用

1. 企业的细胞核

班组是企业活力的源头，又是生产活动和技术进步的基本环节。作为“兵头将尾”的班组长尤为重要。如何调动职工积极性和创造性，关键看兵头将尾；如何搞好企业内部改革，更需要班组长带领职工积极参与并为企业作出贡献。提高生产力，需要细胞核发挥更大作用。一是新工艺、新技术、新设备在班组使用，关键看班组长的驾驭能力。二是推进技术革新和合理化建议，更加完善和掌握新技术、新工艺、新设备，使生产力水平大大提高。班组长的水平，决定企业活力，甚至是企业的未来发展和走向。抓住班组长，就等于抓住了源头，企业才会有后劲，有冲劲，站稳市场，收到良好的经济效益和社会效益。

2. 关系到职工生命安全

班组是企业的前沿阵地，又是事故源头。兵头将尾是班组安全第一责任人，他的所作所为，直接关系着职工的生命安全。

(1) 提高安全意识，以人为本。安全工作是重中之重。企业生产应像带兵打仗一样，在消灭敌人的同时保护自己。提高安全意识，这是做好安全之本。

(2) 遵章守纪。不违章，不蛮干、瞎干。努力创造安全舒适的生产和作业

环境。

(3) 按客观规律办事。不搞瞎指挥，按科学规律办事，牵着牛鼻子走，及时果断处理突发事故。

(4) 安全无小事，防患于未然。事故源于违章，世上没有后悔药。从细节抓起，不留漏洞。要有超前性，预知哪个地点、哪个环节易发生事故，水未到，先垒坝，有安全预案或施救方法。

3. 保证企业生产任务完成

(1) 火车跑得快，全靠车头带。班组长不能当“甩手掌柜”，应身先士卒，冲锋陷阵，哪里有困难，哪里就有班组长；哪里有硬骨头，哪里就有班组长，永当排头兵。

(2) 善于管理，勇于攻关。管理是门艺术，向管理要安全、要质量、要效益。切实搞好民主管理，发挥全体员工的作用。攻克技术难关，实行技术改造，提高生产力水平。做管理的行家，争当能工巧匠。

(3) 团结全班人员，协调好人际关系，念好和谐经、安全经、道德经，拧成一股绳，齐心合力，完成各项生产任务。

4. 关系到企业的前途和命运

(1) 班组长既是承上启下的桥梁，又是员工联系领导的纽带；既是生产的直接组织和参与者，又应是技术骨干、业务上的多面手。班组长素质决定着企业的发展。

(2) 班组长的综合素质高低决定着企业前途和命运。班组长的综合素质决定着企业的素质、企业的发展、企业的命运。从某种意义上讲，抓住了班组长的素质，企业就会有后劲，与时俱进，能够在市场竞争中立于不败之地。

(3) 代表先进生产力。衡量企业的实力，除了先进的技术、先进的设备外，最主要是看驾驭这些技术和设备的班组长的能力和水平。水平越高，管理越能上档次、上水平。换句话说，班组长中有多少技师和高级技师，这是衡量班组素质的标准之一。

三、案例细说

安全排头兵

班前会上，班长白国周领着全班工人举起右手进行安全宣誓：做本质安全人，上本质安全岗，为了家庭幸福，为了企业发展，珍爱生命，绝不违章！

他是这样说的，也是这样做的。白国周每天下到漆黑的井下，又转乘电车行走 5 km，准时到达工作地点。和上一班现场交接班后，工友们按照分工，各自做着开工前的准备工作。白国周则按照自己坚持多年的“三不少”中“班前检查不能少”的要求，从风门、绞车、轨道、耙斗机到工作面，一处一处认真查隐患。当他查到挡车器时，发现有些问题，就从兜里掏出一根粉笔，借着安全帽上的灯光，在挡车器边上一处明显的地方写道：“德松，挡车器挖一下，底轮也需要挖。”他每天上班，都要先查隐患，发现问题，能随手处理的就处理了，有些他一时处理不了，就用粉笔给工友留言，让他们到岗后，先处理隐患再开工。

他们班工作的地方，仪器上、水泥板上，诸如此类的“粉笔留言”随处可见：“新道，绞车滚筒螺钉松了，需处理后再开车”“广辉，顶板有空顶，需组织人员马上处理”。这成了白国周和工友排查隐患实现安全生产的小窍门。久而久之，白国周的“粉笔留言”就成了他们班工作区域一道独特的风景线。工人们也养成了到岗先找“粉笔留言”的习惯，把班长查出的隐患处理完，擦掉班长的粉笔字，才干其他的事。

虽是鸡毛蒜皮小事，在白国周看来，那是安全隐患，如果不排除，等于埋下一颗定时炸弹，随时可能有事故发生。往往是小隐患，酿成大事故。比如，顶板有块浮石，没把它当回事，万一掉下来就会砸死人。多年来，白国周总结出一套非常管用的安全管理办法，“三不少”检查法就是其中之一。“三不少”即班前检查不能少、班中巡回排查不能少、班后复查不能少。白国周通过每班坚持“三不少”检查法，查出了不少安全隐患和违章行为，并及时采取措施，预防了不少事故发生。有一天，白国周按照惯例进行班中巡回排查，当他沿着轨道上山来到一部绞车前时，发现绞车司机一手开车，一手松开离合把，去敲打跑偏的钢丝绳，如果此时突然停电或者发生意外，就可能造成跑车事故，后果不堪设想。白国周见状，连忙上前制止了这名工人的违章行为。

还有一次，白国周在掌子头干活，工友韩永福在离他不远的地方维修电车。韩永福没有切断电源，就调试电车，电车顿时如脱缰的野马一样往前蹿去。韩永福吓呆了，本能地大喊一声：“小心！”听到韩永福的叫声，白国周抬眼看见了奔驰的电车。此时，前方十几米远的坡下，运输队的十几个工友正在巷道中央维修轨道，工程作业中的噪声使他们谁也没听到韩永福的喊声。在这千钧一发之际，急中生智，白国周一个箭步冲向电车车头，一把拔下电源插头，并快速转动刹车轮进行制动。电车顿时失去了动力，像泄了气的皮球一样，缓缓地撞在了挡车器上停了下来。白国周擦了一把额头渗出的汗水，只是一个劲儿地后怕。他清楚，这个钢铁电车带着惯性顺坡而下，如果撞上正在干活的工友，十几条活生生的生命就会非死即伤，后果不堪设想。

“那是我第一次亲身经历重大事故将要发生时的险状，以前只是听别人说。当我目睹这种场面时，才真正知道这是多么可怕。打那以后，我更加深刻地认识到了安全工作的重要，工作中的任何一个小的疏忽，都可能付出生命的代价呀！”

说这话的，就是中国平煤神马能源化工集团七星公司开拓四队班长白国周。

经典语录

四、经典语录

（1）班组长要树立3种意识：超前意识、监督意识和事后总结意识。

（2）不当甩手掌柜，坚持四勤：腿勤、眼勤、口勤、脑勤。实行动态管理。

（3）职工士气、安全、生产进度、品质要同等对待，优秀班组建设缺一不可。

（4）班组长工作不是树立自己的威信，而是树立制度的威信。

（5）用口号激励职工，用制度管理职工，用赞美培养职工。

（6）文明生产程度有多高，安全质量就有多好。

（7）班组长掌握质量标准，方能把握产品质量优与劣。

（8）职工对班组长的态度，是从班组长对规章制度的执行而转变的。

（9）设备也会要脾气，员工也会闹情绪，但班组长不能同设备和员工搞对立。

（10）优秀班组长培养员工是先说给他听，做给他看，然后让他说给大家听，再做给大家看。

安全知识测试

五、安全知识测试

1. 测试题

（1）面向全社会开展形式多样的安全知识普及活动，推进安全知识________、________、________、________、________、________，提高全民安全意识和安全素质。

（2）积极开展安全生产和应急救援公益宣传活动，提高社会公众________和________。

（3）重视和发挥班组（区队）长在企业基层安全文化建设中的________，加强专题业务培训，提高班组职工________。

（4）注重加强基层班组安全文化建设，最大限度地发挥________、________等在安全生产工作中的重要作用，提升企业现场安全管理水平。

（5）健全完善与媒体的沟通机制，做到________、________、________，坚持正面宣传，充分发挥其对安全宣传工作的主导作用。

（6）关注社区企业从业人员的________，加强________，为安全生产提供坚实基础。

（7）发挥安全文化机构的________，________，壮大安全文化产品开发队伍。

2. 答案

（1）进机关　进企业　进学校　进社区　进乡村　进家庭

（2）安全防范意识　自救互救能力

（3）带头示范作用自觉抵制“三违”行为　应急处理能力

（4）班组　班组长和群监员

（5）善用媒体　善待媒体　善管媒体

（6）职业安全和健康　安全教育和技能培训

（7）参与支持作用　充分利用社会资源

第二章

民主管理制度硬

一、相关漫画

感想

二、民主管理精讲

（一）民主管理的含义

企业管理看班组，班组管理靠民主。所谓民主，说白了，就是企业把职工当成主人，职工才能把企业也当成自己的家。所谓班组民主管理，说到底，就是职工行使当家做主的权力，一切事务都由职工说了算。有远见卓识的企业家，善于抓班组民主管理，理顺生产关系，向管理要生产力，要安全生产，要产品质量，并获取更大的经济效益，使企业永远立于不败之地。

1. 当家做主

职工最大的希望是把他当企业的主人看，有话语权。所谓话语权，就是对企业能够品头品足，提出自己的观点或看法，对经营者提出意见和要求。要实现这个目标，首先必须在班组得到真正落实。生产经营、安全管理和收入分配等重大问题，都应由组员说了算。他们是企业的主人，是真正意义上的当家做主。

（1）生产经营决策，由职工说了算。企业交给班组的任务，怎样完成？职工有经验、有技术、知道该怎样做，不应该怎样做，自有主见。由他们说了算，正是体现他们的价值观，正是依靠职工办企业的具体体现。

（2）安全生产，由职工来落实。应该说，危险源存在班组作业环境之中，安全隐患在作业中产生，怎样保证安全生产，自然由班组成员来决定。具体办法是：一是自律。自觉地遵章守纪，不违章，严格要求自己。二是按客观规律办事。不蛮干、不瞎干。三是增强自我保护能力。掌握和驾驭应急预案，提高自我防范能力，遇到突发事件，沉着冷静，有应变能力，能保护自己。四是相互监督，相互照应。

（3）人人参加管理，事事有人负责。从生产经营到安全生产；从生产技术到产品质量；从分配原则到按劳分配。班组每个成员都承担责任和义务。人人肩上有指标，个个勇挑重担。充分发挥五大员（安全员、技术员、设备管理员、政治宣传员和成本核算员）作用。

（4）分配原则，由职工说了算。坚持多劳多得，不克扣奖金，赏罚分明，调动其积极性和创造性。分配问题是民主管理的重点，又是热点，既要做到公平公正公开，又要分开档次，切实体现多劳多得。

2. 参政议政

重大决策，由职工来决定。所谓重大决策，无外乎是企业、车间站段出台的

有关政策。职工不但要知道，而且还要参与讨论决定。比如，分配政策是个敏感的问题，搞得不好，最易挫伤职工的积极性。分配方案则由班组内部决定。绝不能由班长一人说了算。再比如，安全预案是否可行，不要当花瓶，更不能华而不实，要有实用价值。

3. 内部管理

生产管理、安全管理、设备管理、成本核算、文明生产和技术培训等都要由班组集体讨论，制定有关办法。比如，违章罚款，企业应下放权力，一般应由班组来决定。

4. 维护权益

（1）行使当家做主权利，切实反映职工心声。生产班组应有一两名职工代表，定期反映班组的要求和意见，维护班组成员的切身利益，如奖金、劳保、生活待遇等。职工代表应拿出议案，行使权利，敢于建言献策，维护职工合法权益。

（2）维护职工切身利益。如劳动时间、节假日上班、劳动保护等，对于职工来说，这些都不是鸡毛蒜皮小事，而是关系到职工切身利益的大事，非但不可忽视，而且要认真对待。

（3）掌握法律武器，保护生命安全。职工靠什么保护自己？一是法律法规，学法懂法依法办事。二是维护自己权益。三是帮助他人。既从别人那里得到帮助，又有责任和义务帮助别人。比如，职业病防治，特别是煤矿和非煤矿山，都要加强粉尘治理，采取措施，预防职业病（矽肺病）。

（二）民主管理内容

班组民主管理是门学问。具体来说，有“四个方面”：一有内容；二有制度；三有监督；四讲科学。这话说起来容易，做起来难，既要坚持严格管理，又要不断修改完善，利于操作，形成制度化、规范化、科学化。

1. 生产安全管理

（1）完成上级交给的生产任务。一要有计划性，科学安排生产，循序渐进，有条不紊；二要有原材料供应；三要考虑不利条件，如煤矿遇到断层、瓦斯和破碎带，再如停电、停水或自然灾害等；四要考虑人员健康等情况，如病假或事假等。多考虑不利因素，多在主客观找原因，制定解决的方法，打有准备之仗。

（2）做好质量管理。要求员工按标准作业，做到低耗优质。减少材料消耗，降低成本，但不能偷工减料，要保证产品质量。

（3）实行内部奖励机制。鼓励小改小革，小发明创造，改善工艺，提高劳动生产率。

（4）做好成本管理工作。成本管理主要通过改善工艺，提高作业效率并减少物料及辅料的耗用量。比如，吨煤成本或进尺成本取决于人工及材料消耗等。

（5）文明生产。设备擦洗干净，材料摆放整齐，做到井然有序、窗明几净，无杂物，无垃圾，创造舒适的生产或作业环境。尤其是大型企业的生产线更应如此。

（6）安全生产。安全直接关系到生产任务完成，大有潜力可挖。

2. 技术管理

（1）摸清底数。技术水平决定班组生产力。既要出大力，流大汗，不怕苦干，又要驾驭和掌握先进技术，会巧干，才能完成生产任务。一是掌握班组成员的文化程度，有多少大中专毕业生，有多少技工；二是有多少工人进行过专业培训；三是完善班组成员技术档案。

（2）技术培训。俗话说，磨刀不误砍柴工。提高职工技术水平，适应企业未来发展。一是选送职工进大中专院校脱产培训；二是由企业进行专业培训，尤其是新工艺、新技术，必须取得上岗合格证，方能独立操作；三是班组培训，干中学，学中干。以老带新，师带徒，提高技术水平。

（3）班组是成才的摇篮。能工巧匠出在班组，班组中藏龙卧虎。要鼓励职工参加技术大比武，大练兵，对获得技术能手称号的，要予以重奖。

（4）输送技术人才。优秀班组向其他班组输送技术人才，像滚雪球一样，提高职工技术素质。

3. 设备管理

（1）建立设备档案。一是进厂时间，二是检修次数，三是存在的问题，四是更换过多少个部件，哪个部件磨损快，是什么原因，要做到心中有数。

（2）设备完好率。人巧不如家什妙。班组有多少台设备，完好率如何，有多少是带病运转，怎样做到设备完好，这些问题都要掌握。一台设备发生故障，就可能导致整个流水线处于瘫痪状态。比如，某轮胎企业，从英国引进的全钢丝载重子午线轮胎流水线。其中有一台设备是“独眼龙”（没有备用设备），一旦出了故障，没有人会修理，只好等着英国人来处理。可见设备是多么重要，它关系到生产任务能否完成。

（3）掌握和驾驭设备能力。不但会驾驭，而且要会维修，人人应成多面手。比如，某煤矿引进的掘进机或采煤机，因技术水平跟不上，设备出了故障，职工只能在实践中学，摸索其规律，为我所用。人所共知，没有先进的设备，就没有先进的生产力，很难完成生产任务，更不用说提高质量了。所以，应认真做好机械或设备的维修和保养。

（4）严格按规程操作，认真遵守交接班制度，准确填写设备运行规定记录。

（5）应设一名兼职设备管理员，协助管理部门人员对设备进行管理，指导本班组设备使用者按照操作规程正确使用。

4. 成本管理

（1）成本核算员。每个班组都应配备一名成本核算员。其职责是：一是做好原始记录，包括每天出工人数，完成任务情况、材料消耗以及劳动效率。二是公布有关指标完成情况。三是汇报制度，每天向班组长汇报，以便做到心中有数。

（2）降低成本。节约生产材料，提高劳动生产率。这里有 3 个问题值得注意：一是材料消耗降到最低，相对成本就降低。二是劳动生产率最高，在既定时间内完成产品数量最多质量最好。三是劳动者的态度、心情，会影响劳动生产率。

（3）降低材料消耗。人人做主人翁，从每个人做起、每道工种抓起、每项消耗算起，做到精打细算，做到物尽其用。

（4）经济分析会。利用班前或班后，召开经济分析会。一般有以下内容：一是成本完成情况，存在哪些具体问题。二是成本上升或下降，其中的原因是什么。三是降低成本的措施，是外在因素，还是内部原因。发动组员，各抒己见，畅所欲言，集思广益。

（三）民主管理方略

班组民主管理是一个持续创新、与时俱进的过程，在健全民主管理各项制度的基础上，着力抓好制度落实工作，发挥组员的主动性和创造性，不断创新民主管理方法和形式。

1. 广开言路，发挥主人翁精神

（1）围绕班组内部管理内容，提合理化建议，对管理制度进行修改完善，力求符合班组实际。其方法和渠道有 3 种：一是通过“信息高速公路”，使组员畅所欲言，直接把自己的看法和意见反映给班组长和企业，有反馈，有回音，有答复，不能如泥牛入海。二是通过班前会，就某项管理内容，提出修改意见，怎样做更加合理，哪些条款应该修改，哪些条款应该与时俱进，使管理方法更科学，更符合客观实际。三是通过媒体，反映班组的意见和要求，如“对话管理”，给组员“亮相”机会，跟企业负责人直接对话，也可以跟有关专家“面对面”，创造发表意见和要求的机会。企业有义务帮助组员提高管理水平，创造和谐的氛围。

（2）企业职代会，坚持厂务公开，以公示栏、企业门户网站、广播、电视、报刊以及党政工联席会、职工座谈会、工作通报会、职工意见箱等，作为厂务公开的补充渠道，加大企业重要事项公开力度，及时公开与班组职工切身利益相关的重要决策、规章制度等。鼓励组员积极参与，其好处一是享受政治权利，有说话的地方；二是真正了解民情民意；三是真正发扬民主，体现主人翁精神。

（3）职工家属参与班组管理。不要低估“贤内助”的作用。家属是班组管理不可分割的部分，家属与职工有着密切的联系，要善于发挥家属作用，推动班组管理健康发展。一是利用节假日，把家属们请到班组，献计献策，提意见，推进班组管理。二是随时随地征求意见。班组长通过走访方式，一方面征求意见，另一方面了解职工的家庭情况。如安全生产，是否有违章，什么原因；还有收入分配，是否合理，哪些地方需要改进。对困难的家庭，班组如何帮助，既体现以人为本，又促使组员一心为集体作贡献。三是表扬模范家属。凡为班组管理积极做工作，并有突出表现的，给予奖励。年终评奖也有家属的份，把他们摆到重要位置。四是及时通报。班组内部管理情况，及时通报给各位家属，让他们了解班组的生产、安全、技术、效益情况，使他们像职工一样，成为班组的主人。

2. 发挥职工代表作用

（1）要选好职工代表。职工代表能体现职工当家做主的权利。不管是班组长，还是普通组员，都有这个权利。职工代表要上传下达，起到与企业沟通的作用。

（2）发挥作用。职工代表要真正发挥作用，有很多工作要做。一是搜集整理组员的意见和要求。如企业发展、安全生产、收入分配、劳动保护、福利待遇等，既要用事实说话，又要有独到的见解，绝不能敷衍了事，更不能不负责任，应真正履行其职责。二是安全隐患治理。所在班组有哪些隐患威胁着组员的生命安全，哪些是重大的安全隐患，应拿出治理的措施和办法，供企业有关部门加以治理和解决。三是关于安全发展的思路。如井下采掘工作面，设立安全庇护所，配上“生命舱”。再如，解决矿井瓦斯和水患问题，关键是抓落实。四是工程（产品）质量问题。百年大计，质量第一。如何提高质量？有哪些措施。所有的提案，所有的建议都要结合班组实际，结合企业的发展，代表班组发表意见和看法。

（3）督促检查提案的落实。不光是看提了多少意见，而是有多少意见被采纳并落实。如某矿井有多少危险源？有多少重大安全隐患？是否治理彻底，还存在什么问题？职工代表可在条件允许情况下，进行检查落实，尤其是涉及本班组的安全问题，更应抓紧解决。

（4）名副其实，不当挂名代表。职工代表是一种荣誉，也是一种责任。要真正负起责任，应从以下方面做起：一要善于听取他人的意见和要求。二要积极与组员沟通，使反映的提案更具有代表性，更符合班组实际。三要学会分析判断，哪些提案更能代表职工权益，哪些提案有利于安全发展，科学发展。当好职工代表并不是一件容易的事，既要花费精力，又要不怕得罪人，真正履行其职责和义务。

3. 人人当班组长

（1）轮流坐庄，行使权力。组员由班组长按姓氏笔画排列，每人做一天班组长，锻炼提高领导能力。班组长虽只是个“芝麻官”，但却拥有生产指挥权，安全管理权、劳力分配权、收入分配权。

（2）体味班组长辛苦，支持班组长工作。实际上，班组长很辛苦，挣钱不多，管事不少；上面千根针，下面一根线。企业的发展方针、经营策略、安全生产、经济效益等，都要在班组得到落实。要管好生产，必须完成生产任务；要管好安全，不出任何事故；要管好经营，增加组员收入；要抓好团结，全班拧成一股绳。如煤矿的采掘班组长，上工最早，下班最晚。

(3) 调动其积极性，增长和提高管理才能。发挥组员一技之长，调动其积极性和创造性；动脑筋想办法，解决生产上遇到的各种困难。善于做思想工作，发挥各自优势。

(4) 掌握管理艺术，为当兵头将尾提供了舞台。管理是一门学问，没有做班组长的经历，是做不好更高一级领导的。一般应掌握以下几种能力，如协调能力、分工合作能力、善于抠安全细节能力、啃硬骨头能力等，在实践中积累知识，增加才干，为以后担当重任创造条件。

4. 民主生活会

(1) 建立民主生活会制度。每月召开一次民主生活会。利用班前会或双休日。会前有准备，选择一个课题，着重解决什么问题，如安全问题、质量问题、收入分配问题、团结问题、思想问题等，不要面面俱到，要有侧重点。

(2) 民主生活会大体有以下内容：一是反思自己，哪个地方做得对，哪个地方做得不好。二是班组存在的主要问题，要分清责任，找出突破口，认真加以解决。三是协调内部关系。尤其是老工人，以身作则，做表率，甘当老黄牛。四是学习有关文件或法规，自觉遵章守纪，做个有知识、有文化、有技术、有教养、有安全意识的好组员。

(3) 敢于开展批评与自我批评。拿起批评与自我批评这个武器，是开好民主生活会的关键。班组长要带头进行批评与自我批评，敢于揭自己短处，不推诿，勇于承担责任。组员要敢于揭疤，既揭自己短处，又给其他组员提意见。要讲究方法，不能开成斗争会，更不能破坏班组团结。要统一思想，解开疙瘩，去掉不良风气，保持优良作风。

(4) 总结经验教训，搞好班组建设。每次民主生活会，都要解决一两个问题。应该说，每过一次生活会，不但要提高政治觉悟，而且要解决实际问题，要更上一层楼，取得更大的进步。

三、案例细说

白国周班组管理法的发展

班组民主管理是一门科学，它源于实践，源于总结，源于提炼和升华。白国周班组之所以创造被认知的管理方法，不是凭空臆想的，更不是从天上掉下来的，而是在生产实践中探索，并在实践中得到检验和认可。具体说来，管理有四性：一是理论性，理论来源于实践，并得到实践验证。二是实践性，管理是经过长期的实践总结出来的。三是操作性，便于实践，便于操作，便于应用于管理之中。四是长远性，不但要得到组员的认可，而且要具有前瞻性，利于发展和延伸，利于上升为科学理论。

白国周，中平能化集团七星公司（原平煤集团七矿）的一名普通矿工，现任七星公司开拓四队班长。就是这样一名普通的矿工，在平凡的岗位上创造了不平凡的业绩。在长期的工作实践中，不断探索煤矿安全生产的经验和班组管理方法，创造出了可学可用的“白国周班组管理法”，不仅保证了白国周班组22年的生产安全，而且为煤矿班组建设和煤矿安全生产积累了宝贵经验。白国周本人也因此成为煤矿安全的典范和基层班组长学习的楷模。白国周班组管理法的主要内容可以概括为“六个三”，即三勤、三细、三到位、三不少、三必谈、三提高。

（1）“三勤”：勤动脑、勤汇报、勤沟通。

（2）“三细”：心细、安排工作细、抓工程质量细。

（3）“三到位”：布置工作到位、检查工作到位、隐患处理到位。

（4）“三不少”：班前检查不能少、班中排查不能少、班后复查不能少。

（5）“三必谈”：发现情绪不正常的人必谈、对受到批评的人必谈、每月必须召开一次谈心会。

（6）“三提高”：提高安全意识、提高岗位技能、提高团队凝聚力和战斗力。

四、经典语录

（1）藏獒效应：让企业在竞争中生存，困境是造就强者的学校。

（2）蓝斯登定律：给员工快乐的工作环境。

（3）适才适所法则：将恰当的人放在最恰当的位置上。

（4）首因效应，也称为第一印象作用，或先入为主效应。第一印象作用最强，持续的时间也长，比以后得到的信息对于事物整个印象产生的作用更强。

（5）末位淘汰法则：通过竞争淘汰来发挥人的极限能力。

（6）灵活有效的激励手段会点燃员工的激情，促使他们的工作动机更加强烈，让他们产生超越自我和他人的欲望，并将潜在的巨大的内驱力释放出来，为企业的远景目标奉献自己的热情。

（7）酒与污水定律：一匙酒倒进一桶污水，得到的是一桶污水；把一匙污水

倒进一桶酒里，得到的还是一桶污水。显而易见，污水和酒的比例并不能决定这桶东西的性质，真正起决定作用的就是那一匙污水，只要有它，再多的酒都成了污水。

(8) 大荣法则：人才的培养是决定企业生存和发展的命脉，企业的发达，乃人才的发达；人才的繁荣，即企业的繁荣。企业未来的生存和发展应着眼于对人才的培养。

安全知识测试

五、安全知识测试

1. 测试题

(1) 生产经营单位与从业人员订立的劳动合同，应当载明有关保障从业人员________、________，以及依法为从业人员办理工伤社会保险的事项。

(2) 生产经营单位的从业人员有权了解其作业场所和工作岗位存在的________、________，有权对本单位的安全生产工作提出建议。

(3) 生产经营单位不得因从业人员对本单位安全生产工作提出________、________、________或者拒绝违章指挥、强令冒险作业而降低其工资、福利等待遇或者解除与其订立的劳动合同。

(4) 生产经营单位不得因从业人员在紧急情况下停止作业或者采取紧急撤离措施而________、________或者________。

(5) 因生产安全事故受到损害的从业人员，除依法享有工伤社会保险外，________，________。

(6) 从业人员在作业过程中，应当严格遵守本单位的________，________，________。

2. 答案

(1) 劳动安全　防止职业危害的事项

(2) 危险因素　防范措施及事故应急措施

(3) 批评　检举　控告

(4) 降低其工资　福利等待遇　解除与其订立的劳动合同

(5) 依照有关民事法律尚有获得赔偿的权利的　有权向本单位提出赔偿要求

(6) 安全生产规章制度和操作规程　服从管理　正确佩戴和使用劳动防护用品

第三章

安全管理不放松

一、相关漫画

猜灯谜

二、安全管理精讲

安全管理是管理科学的一个重要分支，是为实现安全目标而进行的有关决策、计划、组织和控制等方面的活动；主要是运用现代安全管理原理、方法和手段，分析和研究各种不安全因素，从技术上、组织上和管理上采取有力的措施，解决和消除各种不安全因素，防止事故的发生。企业班组安全管理十分重要，它关系到企业的未来发展，关系到以人为本方针的落实，因此，抓住管理不放松意义重大。

（一）安全管理的目的意义

1. 班组安全管理刻不容缓

班组安全管理是企业管理的重要组成部分。应该说，企业中所有的安全隐患，大都存在于班组作业场所之中，严重威胁人的生命安全。抓住了班组安全管理，正是抓住了安全工作的重点。从目前来看，班组安全管理仍处探索之中，有的班组抱着侥幸心理，我行我素，安全管理制度形同虚设，一味应付上级检查，这是最大的安全隐患。如不引起企业的高度重视，事故产生则在所难免，遭殃的是班组，受伤害的是一线工人。因此，班组安全管理刻不容缓，要从制度抓起，从实践做起，规范行为，严格管理，总结经验，使其步入正轨，让其发挥更大的作用，以体现“以人为本”的方针。

2. 贯彻落实“安全第一，预防为主，综合治理”方针

“安全第一，预防为主，综合治理”方针，不光是说在嘴上，而要付诸实施。行之有效的方法就是抓班组安全管理。所谓管理就是规范安全行为，加强防范，严格制度，奖罚分明，抓住细节，防微杜渐，堵塞漏洞，将安全隐患消除在萌芽之中。而班组安全管理，正是夯实基础，把住安全关。一是不断改进安全管理艺术，提高安全管理水平。二是有安全设施和严格的规章制度，创造安全的作业环境。三是一旦有突发事件出现，要有防范措施和应急预案，以保证工人的生命安全。

3. 提高保护自己能力

企业生产的目的是投入最小，产出最大。其中，保护自己是极为重要的。比如煤矿，怎样不生产带血的煤炭？就是采掘一线的工人，既要保证生产，又要严格遵守规章制度，用法律法规保护自己。为达到这个目的，班组安全管理要做到制度化、科学化、规范化、人性化。所以说，实现班组安全管理，不断增强自我防护意识，以便更好地保护自己。

4. 企业发展的需要

班组安全管理是企业管理的重要组成部分，与企业的其他管理密切联系、互相影响、互相促进。为了防止伤亡事故和职业危害，应采取相应的对策，如工人素质的提高，作业环境的整治和改善，设备与设施的检查、维修、改造和更新，劳动组织的科学化以及作业方法的改善等，以推动企业管理的改善和工作的全面进步。班组安全管理的优劣决定企业管理水平高低。班组安全管理又能促进企业的发展和提高。

（二）安全管理创新和发展

1. 思想创新

班组安全管理是门科学。它源于生产实践，并在实践中得到检验。事实上，有些班组安全管理，套用其他班组管理模式，或照抄照搬，很难获得好的成效。有些班组安全管理，班组长一人说了算，缺乏民主，使管理流于形式。怎样创新？一是解放思想，不停留于表面，关键做好“思想先行”这篇大文章。二是学习国内外班组安全管理的先进经验，同时结合本班组实际，创造更加人性化的管理模式。三是不断完善原有的管理方法，使之更有利于安全生产。四是具有超前意识，既要传承优良传统，又要有所创新，更要适合安全发展的需要。

2. 教育创新

应该说，班组安全教育方法目前仍很陈旧，基本上是以灌输为主，经常是由班长或安全员照本宣科地念念安全法律法规，缺乏认真讨论，不注重实际效果，走走过场。有的是读读报纸，以读代教，简单化，形式化。其中原因有四：一是教育设施缺乏。班组是这样，很多企业也是如此。二是方法简单。“念、听、散”（念文件，读材料；班组长念，组员听，最后是散会）。即使讨论也是走过场，缺乏安全教育的约束力。三是手段简单。比如，闭路电视、幻灯片或投影仪等现代教育手段，很多都没用过，尤其是煤矿企业的班组，教育手段比较落后。四是效果不明显。有的法律法规，不能做到应知应会。教育创新很重要，不单是企业发展的需要，更重要的是组员心理需要。从哪些方面创新？一是教育内容，既要完善现有的管理方法，又要学习先进的管理理念。比如，群发短信，QQ，知识测验，还有安全谜语，把安全教育内容形象化、具体化、趣味化。二是手段与时俱进。利用现代科学手段，如幻灯片、闭路电视、安全课件等，既容易接受，又事半功倍。三是方法灵活多样。如采用安全卡片、安全语录、安全扑克牌等。四是互帮互学，采取组员教组员的方法，发挥组员的能动性。

3. 制度创新

如果企业班组安全管理制度太多太滥，又不符合实际，会令组员生厌。那么，哪些制度适合班组安全管理呢？比如，学习制度、讲评制度、事故分析制度、“他山之石”制度以及一事一议制度，还有民主生活会制度等。制度是约束人的行为，行为又是靠思想来支配。说到底，制度都是对人的行为进行管理。制度创新原则，无外乎有以下几点：一是制度不能离开对人的管理；二是制度不能离开班组的实际；三是制度不能离开安全发展；四是制度不能离开安全文化。

要完善安全管理制度，确保制度的严肃性和可操作性。在制度的执行上，就要严格执行，不讲人情，避免制度执行的可塑性和弹性，让组员明白，无论何时、何种情况下，任何人都必须严格遵守安全生产的规章制度。安全管理工作是个动态管理的过程，并不是一成不变的。安全管理工作永远只有起点，没有终点。要创新，最好的方法是创建一个学习型班组，因为学习型班组更倾向于以人为本，讲求持续学习、转化与改变，具有追求卓越的精神。通过学习型班组的创建，我们就可以不断创新班组安全管理模式。完善的安全管理制度与创新的安全管理模式有机结合，班组的安全管理工作效率就可以大大提高，起到事半功倍的效果，这样，班组的安全就能得到充分的保障。

4. 方法创新

所谓方法创新，就是侧重点放在哪里。重点论是一种辩证的思维方法，与均衡论相对立。指在研究复杂事物的发展进程时，要着重把握它的主要矛盾。在研究任何一种具体的矛盾时，要着重把握它的主要方面。具体来说，应在以下四个方面创新：一是重点放在班组长素质提高上。班组长素质决定班组安全管理。素质包括安全意识、安全知识和安全责任制，带头执行规章制度，带领组员优质高效安全地完成各项生产任务。所以说，抓安全管理首先抓班组长，班组长是班组安全的第一责任人。二是目标管理。班组安全目标必须分解到每个人头上，逐个落实，相互沟通协助，做到人人肩上有指标，个个身上挑重担，激发组员的积极性、创造性和主动性。三是安全责任制，一岗一责，事事有人管，人人有专责，办事有标准，工作有检查。四是安全管理重点在现场。组员工作在现场，安全隐患在现场，发生事故也离不开现场。所以我们的安全工作，离不开现场。比如，煤矿的现场是采掘工作面，面临瓦斯、煤尘、顶板、水、火的威胁，如果不加强安全管理，迟早会出大事故的。因此，要高标准，严格执行规章制度，勤检查，发现问题，及时整改。所以，干部要跟班下井，在现场指挥，以保障矿工的生命安全。

三、案例细说

叉车还能出事？

世上的事真是无奇不有，有谁会想到工厂的叉车还会酿成一起事故。

某厂内机动车驾驶员李云接到运输车床任务。当叉车开到机修车间时，李云临时有急事，便把叉车交给跟车的实习驾驶员王欢，他一再嘱咐，慢点开，别毛毛愣愣的。王欢能单独执行任务吗，这是个未知数，李云没有想到，这就是造成事故的主因。

这台车床长 3.17 m，高 1.36 m，重 4 t，是个庞然大物。在装车时，因车床较长，车箱后拦板关不上。又因是厂内运输，路途较近，便把有关规定抛到一边，装卸工既没在车床下面垫木板，又没用绳子固定，算是“裸运”了。装卸工甲站在车箱右后角，起重工乙和丙站在车箱右前角。汽车起步后，以超过 30 km/h 的速度行驶，当行至厂区中心十字路口时，忽然发现一辆自行车迎面而来。王欢见情况不妙，急按喇叭，并迅速踩刹车减速，此时车速仍在 20 km/h 以上。由于王欢是实习司机，经验不足，在慌乱中急忙左转弯。车床受离心力作用，撞坏车箱右侧拦板，从汽车上甩了下来。装卸工甲被车床挤下地，头部被车床砸伤，当场死亡。乙和丙同时从车上甩下，乙被车上甩下的铁棍击断三根肋骨，丙的脚被铁棍砸伤。

事故的主要原因：一是实习驾驶员王欢操作不当，盲目高速行车。明知要转弯，没有提前减速，忙乱中临近拐弯采取措施已来不及。没有驾驶经验，没掌握好时速与离心力的关系。二是装卸工思想麻痹，装车不牢。车箱底板很光滑，装车未垫木板，又没捆绑，埋下事故隐患。三是驾驶员李云擅离职守，随意将车交给非正式驾驶员单独驾驶，以致造成事故发生。由此可见，这家工厂对叉车安全管理不到位，叉车驾驶员、装卸工安全意识不强。所以说，安全管理无小事，不无道理。

四、经典语录

(1) 安全在管理，管理在干部。

(2) 把好安全关，思想工作要领先。

(3) 条条规章血写成，人人必须严执行。

(4) 上班如同上火线，粗心大意有危险。

(5) 忽视安全抓生产是火中取栗，脱离安全求效率是水中捞月。

(6) 堵不死违章的路，迈不开安全的步。

(7) 马虎、迷糊、不在乎，早早晚晚出事故。

(8) 严是爱，松是害，严中自有真情在。

(9) 大事化小教训难找，小事化了后患不少。

(10) 违章作业等于自杀，违章指挥等于杀人。

五、安全知识

（1）苯乙烯：可疑人类致癌物。易燃液体，在火场温度下易发生危险的聚合反应，不得使用直流水扑救。

（2）硫酸二甲酯：可疑人类致癌物。剧毒液体，在火场温度下可发生剧烈分解，引起容器破裂或爆炸事故。

（3）氰化钠：剧毒固体，遇酸产生剧毒、易燃的氰化氢气体。

（4）二甲胺：极易燃气体，液态二甲胺可致皮肤灼伤。

（5）过氧乙酸：有腐蚀性，严禁与易燃物或可燃物接触。

（6）二硫化碳：高度易燃，可损坏神经，不得使用直流水扑救（闪点很低，用水灭火无效）。

（7）氯乙烯：确认人类致癌物。极易燃气体，在火场温度下易发生危险的聚合反应。

（8）苯胺：有毒液体，易经皮肤吸收。

（9）丙烯醛、2—丙烯醛：剧毒，高度易燃液体，在火场温度下发生危险聚合反应，不得使用直流水扑救。

（10）氯苯（氯化苯）：易燃，对中枢神经系统有抑制和麻醉作用。

第四章

安全责任分得清

一、相关漫画

怪谁呢？

二、安全责任精讲

（一）班组安全责任制

1. 班组安全责任制的由来

岗位责任制是指根据班组工作的性质，明确规定其职责、权限，并按照规定的工作标准进行考核及奖惩而建立起来的制度。实行岗位责任制，有助于班组安全管理科学化、制度化。责任落实到人，各尽其职，事事有人负责。责任制制度最早见于国务院1963年3月30日颁布的《关于加强企业生产中安全工作的几项规定》（即《五项规定》）。《五项规定》中要求，企业的各级领导、职能部门、有关工程技术人员和生产工人，各自在生产过程中应负的安全责任，必须加以明确规定。《五项规定》还要求：企业单位的各级领导人员在管理生产的同时，必须负责管理安全工作，认真贯彻执行国家有关劳动保护的法令和制度，在计划、布置、检查、总结、评比生产的同时，计划、布置、检查、总结、评比安全工作（即“五同时”制度）；企业单位中的生产、技术、设计、供销、运输、财务等各有关专职机构，都应在各自的业务范围内，对实现安全生产的要求负责；企业单位都应根据实际情况加强劳动保护机构或专职人员的工作；企业单位各生产小组都应设置不脱产的安全生产管理员；企业职工应自觉遵守安全生产规章制度。

2. 班组安全责任制的核心

安全生产责任制是根据我国的安全生产方针“安全第一，预防为主，综合治理”和安全生产法规建立的各级领导、职能部门、工程技术人员、岗位操作人员在劳动生产过程中对安全生产层层负责的制度。安全生产责任制是企业岗位责任制的一个组成部分，是企业中最基本的一项安全制度，也是企业安全生产、劳动保护管理制度的核心。

3. 责任制是企业班组管理的需要

（1）企业生产的需要。凡是建立、健全了安全生产责任制的企业，各级领导重视安全生产、劳动保护工作，切实贯彻执行党的安全生产、劳动保护方针、政策和国家的安全生产、劳动保护法规，在认真负责地组织生产的同时，积极采取措施，改善劳动条件，安全事故和职业性疾病就会减少；反之，就会职责不清，相互推诿，而使安全生产、劳动保护工作无人负责，无法进行，安全事故与职业病就会不断发生。

（2）企业生产的成功制度与措施。安全生产责任制是经长期的安全生产、劳动保护管理实践证明了的成功制度与措施。它有三大好处：一是人人负责任，行使当家做主权利。二是有利于班组内部管理。班组好比一个链条，环环相扣，成为有机的整体。三是形成民主管理氛围，班组的事要大家来办，能调动组员的积极性和创造性。

（3）社会化大生产的需要。越是现代企业班组，越是要对企业负责任，通过制度来管理，又由制度来约束其行为。大家拧成一股绳，形成合力，圆满地完成各项任务。尤其是现代企业，既能体现班组的素质，又能提高其管理水平。

（二）班组长、组员责任制

1. 班组长责任制

（1）班组长是安全生产第一责任人，对本班组安全生产工作负全责。

（2）认真执行上级有关安全生产的指示和规定，模范遵守和执行安全规章制度。

（3）开好班前班后会，根据生产特点和组员思想等状况具体布置安全工作和有关注意事项。

（4）坚持安全检查制度，组织维护、保养设备，坚持文明生产，遇到有不能处理的隐患要及时上报。

（5）制止违章作业，组织事故抢救。

（6）有权拒绝或暂缓执行上级违反安全技术规程的生产指令。

2. 岗位工（组员）责任制

（1）岗位工人对本岗位安全负责。

（2）遵守劳动纪律，执行安全制度和安全操作规程，听从领导和安全人员的指挥，按照技术、作业规程作业，并随时制止他人违章作业。

（3）保证本岗位地点和设备、工具的安全整洁，不随便拆除安全防护装置，不乱动自己不懂的机械和设备，正确使用劳动保护用品。

（4）学习安全知识，提高技术业务水平，积极参加技术革新，提出合理化建议，改善作业环境和劳动条件。

（5）及时反映和处理不安全因素，积极参加事故抢救工作。

（6）有权拒绝违章指挥，并对上级单位领导忽视职工安全健康的错误决定和行为提出批评意见乃至控告。

（三）存在的问题

1. 我行我素，责任不清

我行我素的人，虽说是少数，但如果组员都是处于这样的状态，安全生产便无从谈起。产生的原因有 3 个：一是培养教育不到位。“玉不琢，不成器”，有素质的工人都是培养出来的，并不是无师自通。关键是班组长如何教育和引导工

人。二是管理不到位。班组长要尽到责任，该管的要管，该处罚的要处罚，绝不能当老好人。要做好监督检查工作，对坚持遵章守纪的要表扬；对违纪的要批评甚至是处罚，绝不能姑息迁就。三是责任不清。由于管理混乱，人浮于事，势必造成有章不循，责任不清，非但完不成任务，相反事故连连，这样的班组造就不了特别能战斗的队伍。

2. 互相推诿，不负责任

出现了问题，不是查找原因，而是互相推诿，不敢承担责任。产生的原因大体有四个方面：一是责任不清，稀里糊涂，一旦出了事故，相互推诿，在所难免。二是班组长不敢承担责任。既然是一班之长，就应该大度，是自己的责任，就应该承担；是组员的毛病，要批评，又要分清责任。只有班组长做出榜样，才不会发生相互推诿现象。三是组员怕担处分，不敢担责。做错了事，违反了纪律，甚至出现了事故，就应该查找自身原因，不要总找客观原因，更不能把责任推给他人，这样做就失去了做人的原则。四是辨不清是非，分不清对错，尽管这种现象是少数，但应引起班组长的重视。

3. 没有责任，赏罚难分明

没有明确分工，就没有明确责任，安全管理成了一锅粥。假设都是这样的班组，肯定要出事的。因为责任是一种担当，是一种使命。没有责任，一切化为乌有。应该说，有的班组长，在业务上确实是个行家里手，但不善于安全管理，分不清责任，易产生这样的问题：一是班组内部不团结，互相扯皮，内耗太多，影响生产任务完成。二是出了问题，谁都不负责任。后果是严重的，既接受不了经验教训，又易重犯类似错误，很不利于班组健康成长。三是缺乏责任感，当一天和尚，撞一天钟。这是培育优秀工人之大忌。四是易产生惰性，没有上进心，缺乏使命感，很难落实岗位责任制。

4. 管理混乱，事故难免

班组管理靠制度，靠责任。如果班组管理混乱，那么制度等于虚设，责任不能落到实处。可想而知，这样的班组，迟早会出大事。我们不妨分析一下，那些事故多的班组，大多管理不到位，制度形同虚设。一般有这样几种情况：一是制度不落实，生产无秩序，经常发生这样或那样的事故。二是责任不到人，安全没保证。先进班组之所以先进，主要是落实责任制，各负其责，勇挑重担，把住安全关口。三是行为管理，靠责任制制约和约束。实际上，安全管理主要是对人的行为管理，如果哪个方面出现漏洞，说明人的行为不规范，不符合要求，当然会出问题。所以说，一旦管理混乱，离发生事故就不远了。

（四）怎样贯彻落实

岗位责任制建设的关键在于责任的落实、责权利的统一和执行力的提高，为

切实发挥岗检作用，必须在推进落实上采取措施，千想万想想思路，千抓万抓抓落实。做到三到位：一是责任落实到位；二是岗检活动开展到位，真正做到事事有人管，人人有专责，办事有标准，工作有检查；三是督导整改执行到位。提升班组安全管理水平应重点抓好以下六个方面。

(1) 要"手拉手，口对口"做好交接班。班组长应提前到达现场，检查各岗位的设备运行等是否正常，并认真做好记录，发现问题及时汇报处理。如煤矿掘进班长要察看工作面，敲帮问顶，确认没有任何安全隐患，才能作业。

(2) 要坚持班前会制度。班组长交代不安全因素及其预防对策，使班组每个成员对设备及生产运行情况都做到心中有数；同时还要协调好岗位之间、工序之间的关系，为顺利生产创造条件，从而保证生产的安全稳定。

(3) 班组长要起到安全检查和监督作用。班组长要督促班组成员佩戴好劳动防护用品，制止一切违章操作行为，消灭安全隐患。

(4) 要善于做班组成员的思想教育工作。班组长应采取交流谈心等形式，及时转变班组成员的不良情绪，强化安全防范意识，营造"关注安全、关爱生命"的氛围，让职工保持最佳的心态上岗。

(5) 要落实好各岗位的安全责任。要求人人做到："不伤害自己，不伤害他人，不被他人伤害，监督他人不被伤害"。

(6) 要建立严格的奖惩制度。班组长对那些不接受教育、不服从正确领导、不执行规章制度、缺乏工作责任心而影响生产的组员要敢于处罚。

三、案例细说

污水管道里的"杀手"

在污水管道里，怎么还会藏有"杀手"呢？

事情是这样的，2010 年 9 月 17 日，广州市白云区华南北路过铁路段工程 WAI 检查井，在施工过程中发生了一起事故，造成 3 人死亡，4 人重伤。原来是施工人员作业时，吸入了较高浓度的硫化氢有毒混合气体导致窒息死亡。这样的事故，并非是广州市仅有，其他地方也有发生。难道有害气体防不胜防？答案是否定的。

这条污水管道里面有人施工，井坑面积 10 m^2 左右，有 10 m 多深。

这天，有两名工人戴上面罩、口罩（一种过滤式防毒口罩和面具），沿着梯子下到该工程一号井内，对钢管涂刷防腐漆。刚开始下去时，有短暂的呼应，随后失去联系。上面的人感到事情不妙，纷纷下井救人，结果发生了这起急性中毒事故。

到底谁是这场事故的真正杀手呢？有人说，是污水管里的有毒气体。持这种说法的，可能占绝大多数。但只要冷静地分析一下，答案就可能更改了。

先说这两个施工人员，以为井坑安全无恙，戴着防毒口罩就匆忙下井作业了。因为这条污水管道施工几个月了，可能以前都是这样干的，只是侥幸没死人。这次就出事了。

事出有因，都是违章作业所致。按规定，事先检查作业场所是否积聚着有毒气体，确认安全后方能下井坑作业。而他俩匆忙下去，这好比不会游泳的人竟然跳进一个深潭内。他们犯了经验主义错误，因为以前就这样施工，没出过事，所以放松了，把安全置之脑后，作业地点该检查而不检查，盲目下井作业。结果有害气体要了施工人员的命，这是其一。深入污水管道作业，需戴防毒口罩，但这种口罩防毒气功能有限，一旦有毒气体超标，等于白戴，无济于事，这是其二。发现井下出事了，必须组织营救。然而，救援人员违反安全规程，未采用有效的吊救系统和设备，造成事故损失扩大，这是其三。还有施工单位，未落实好建设工程安全责任，违法违规在积聚高浓度硫化氢有毒混合体的密闭空间实施作业，这是其四。

事故真相大白了，到底谁是杀手？是高浓度硫化氢吗？

一个问题，两个答案。这次事故的客体是高浓度硫化氢，而主体是违章作业的施工人员。这样一说，是不是该醒过味了。原来是违章作业惹的祸。

人们或许要问，责任制哪去了？

早丢到脑后了，非但施工队违章作业，连工人都缺乏保护意识，受害的还是工人自己。

这个故事警示人们，不管是领导，还是工人，都要坚持岗位责任制，对血的教训应深刻反思！

类似这样的事故，哪年都有发生。应该说，有毒气体不是罪魁祸首，是我们思想出了问题，一次违章作业的代价，夺去了4条鲜活的生命，血的教训应牢牢汲取。

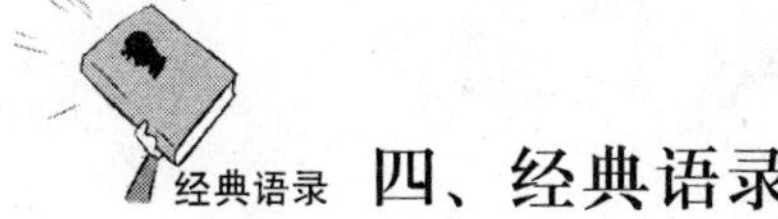

四、经典语录

（1）谁若游戏人生，他就一事无成；谁不能主宰自己，便永远是一个奴隶。——歌德

（2）我们要把人生变成一个科学的梦，然后再把梦变成现实。——居里夫人

（3）人的一生是短的，但如果卑劣地过这一生，就太长了。——莎士比亚

（4）生命，那是自然付给人类去雕琢的宝石。——诺贝尔

(5) 生命不等于是呼吸，生命是活动。——卢梭

(6) 如果错过了太阳时你流泪了，那么你也要错过群星了。——泰戈尔

(7) 一个人的性格决定他的机遇。如果你喜欢保持你的性格，那么，你就无权拒绝你的机遇。——罗曼·罗兰

(8) 聪明的人造就机会多于碰到机会。——培根

安全知识测试

五、安全知识测试

1. 测试题

(1) 依法行政的基本要求是________、________、________、________、________、________。

(2) 安全生产法律体系是社会主义法律体系的一个________。

(3) 社会主义法治的基本内容包括________、________、________、________。

(4) 社会主义法治的适用原则是________、________、________。

(5) 社会主义法治的含义是________、________、________。

2. 答案

(1) 合法行政　合理行政　程序正当　高效便民　诚实守信　权责统一

(2) 重要子体系

(3) 有法可依　有法必依　执法必严　违法必究

(4) 法律适用机关依法独立行使职权　以事实为根据，以法律为准绳　公民在适用法律上一律平等

(5) 泛指立法、执法和守法　专指社会主义法律、制度—法制　特指守法是社会主义民主的保障，实现社会主义民主的法律化、制度化，并严格依法进行国家管理的一种方式

第五章

安全戴帽查隐患

一、相关漫画

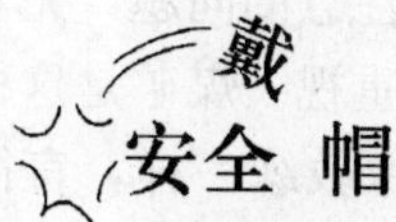

二、安全戴帽精讲

（一）什么是安全戴帽

1. 安全戴帽的由来

“安全戴帽”是煤矿班组创建的安全制度。每天下井前，都要召开班前会。班组长讲的内容，无外乎是井下采掘工作面安全状况，哪里发生地质变化，哪里有险情，哪里有安全隐患，是不是按作业规程作业，矿工把它叫做“安全戴帽”。这好比部队打仗做战前动员一样，布置任务以及完成任务要注意的问题，尤其是安全方面，提前下毛毛雨，敲敲警钟，以引起工人们的高度重视。煤矿是这样做的，其他企业也应如此。上岗前，班组长用很短的时间，像教练一样，言简意赅，点到要害处，说到点子上。给组员们提个醒，提前打“预防针”，警钟长鸣，避免或减少安全事故发生。

2. 安全戴帽内容

安全戴帽到底要讲些啥？因为时间有限，不能啰啰唆唆，要简明扼要；不能面面俱到，要抓住重点。对于班组长来说，这是个很大的难题。班组长要动脑筋，结合组员实际，沟通信息，尤其是当前安全生产存在的问题，做到“万事通”，必须借助现代信息手段，或从报刊、网络、短信、电话等，获取有关安全信息，又经过归纳、提炼，把重要信息传播出去。那么，安全戴帽到底讲些什么内容呢？大体有以下几个方面：

（1）上个班或其他班组新近发生的安全隐患或事故。这是组员最关心的信息，也能引起高度重视。可以起到举一反三的作用。

（2）新近发生的事故案例，可以给组员以警觉，引起重视。

（3）班组存在的倾向性问题，如违章倾向、产品（工程）质量问题、任务问题等。

（4）劳动纪律。

（5）新出台的法律法规。

3. 安全戴帽形式

如何做到内容与形式相结合，是搞好安全戴帽的关键。光注重内容而忽视形式，或只注重形式而忽视内容，都易产生事倍功半的效果。怎样掌握这个度，不仅是个方法问题，而且也是个认识问题。班前安全戴帽，既要提高安全意识，又要做好安全工作，把事故降到零，并把“以人为本”方针落到实处。大体有以下形式：

（1）一人讲，大家听。班组长做中心发言人，或讲案例或讲安全隐患，不管什么内容，都应有侧重点，要抓住组员的心理。

（2）由组员来讲，大家听。这种形式适合于现身说法，或防患未然，或制止违章，很吸引人。

（3）外请班组长，讲班组安全管理经验，互相学习，取长补短。

（4）有关领导讲安全。领导对企业安全形势进行分析，解剖事故案例，指出哪些方面应该引起注意。

（二）安全戴帽进班组

1. 安全生产的需要

安全工作重点在基层，安全戴帽必须进班组。众所周知，隐患出在作业场所，事故在班组中发生。安全戴帽正是把安全工作落实到了基层。每天上班前，对上个班或企业的安全情况有个了解，打有准备之仗，做到知己知彼，百战不殆。尤其是煤矿，井下情况千变万化，事先了解作业场所安全情况，底数清，应采取哪些措施，如何避免事故发生，做到心中有数，有利于安全作业。

2. 安全思想的培养

安全戴帽说到底就是灌输安全思想。一是通过学习，了解和积累更多的安全知识、法律、法规，筑牢安全思想。二是通过学习，利于培育安全思想，养成良好习惯。三是通过学习，提高警惕，做好安全预防工作。四是通过学习，进一步增强责任心，变“要我安全”为“我要安全”。

3. 安全警钟长鸣

没有警钟长鸣，就没有安全生产。遵章守纪，按作业或操作规程作业，天天讲，月月讲，年年讲，常讲常新。实际上，即使这样讲，仍有违章现象，甚至酿成了各种事故。看来安全戴帽不是可有可无，而是大有必要。每次安全戴帽，都是敲一次警钟。

（三）安全戴帽的方法

1. 激励法

哪些组员不违章，不违纪，能从自身做起，从细微之处抓起，对于这样的组员，应大力宣扬，甚至立功受奖，佩戴红花。千万别把安全戴帽开成批评会，要以表扬为主，激励组员遵章守纪，严格规章制度，人人争当“安全哨”，个个争做安全生产个人，形成浓厚的安全氛围。

2. 警示法

班组长要讲的内容包括哪些安全隐患应该避免，哪些问题应引起高度重视，哪种问题应引以为戒，既要指出安全隐患的严重性，又要提出消除的办法和措施。比如，报警系统失灵了，瓦斯超限，仍继续作业；瓦工不佩戴安全帽施工等。对于违章，要不留情面，点中要害，提出警示，规范行为。

3. 预测法

预先推测或做测定叫预测。在生产中有可能发生这样或那样的问题，要提前予以预测，做好物质和精神准备。比如，矿井煤层变软，岩石出汗，还有异样气味等，这些都不是好兆头，有可能发生这样或那样的事故。一般说来，班组长有实践经验，他们的阅历、经历足以对生产易出现的问题作出准确的判断，并提出警告，以便引起注意。所以我们又把“预测法”称为“安全预报法”。

4. 典型引路法

企业有企业的典型，班组也有班组的榜样。通过现身说法，向组员说明怎样做不违章，如何处理险情。组员听了可信，又受启发，一举两得，效果显著。用典型示范法，不能面面俱到，要抓住重点，如自律、敢于批评违章现象、提出安全管理意见等。这种方法虽说是老一套，但组员认可，做到学有目标，赶有方向，值得推广借鉴。

5. 一事一议法

先说出正、反两方面的典型事例，然后广开言路，踊跃发言，各抒己见，再经大家评点，正面的，继续发扬；负面的，说出其要害，留下深刻印象。一事一议，要选择正反两方面典型，最好结合本班组发生的问题。围绕一个问题，进行讨论，从中受益。但要注意方法，不要搞人身攻击。即使违章了，帮他（她）找原因，并进行纠正。达到“一人讲案例，全班组受教育”。使安全戴帽活动，更加丰富多彩，收到较好的效果。

6. 他山之石法

他山之石，可以攻玉。请兄弟班组长传经送宝，取其长，补其短。比如，某班组经常有违章现象，可请有关班组长介绍他们治理违章经验。再比如，有的班组安全管理差，碰手砸脚时有发生，可请有关班组长介绍他们安全管理经验。其特点是：一是开阔眼界，提高安全戴帽的兴趣。二是取长补短，借用他石治其短板，提高安全戴帽质量。三是吹进缕缕新风，交流安全戴帽经验，使之更具体、更完善、更有内容，开好安全戴帽（班前会），提高会议质量。

（四）安全戴帽坚持不懈

1. 安全管理的制度

安全戴帽是安全管理制度之一，也是安全管理的方法。如煤矿采掘队安全戴帽已约定俗成，下井前，必有安全戴帽，必讲安全事宜，必受这方面教育，必进行安全思想洗礼。凡安全做得好的班组，也必定受益。既然是制度，就该有条款，根据班组性质而定，一般来说，有以下几个方面：一是时间。10 min 左右，

雷打不动。二是内容。结合实际，该讲啥不该讲啥，心中有数。三是方法。灵活多变，不固定，必须适合组员口味。四是原始记录。五是监督检查。安监部门定期抽查，并予以指导，好的表扬，差的批评。就像抓安全生产那样抓安全戴帽，既然是制度，必须坚持到底。

2. 安全动员会

班组接受新任务，或遇到棘手问题，或引进新设备，或推行新技术等，往往最易发生安全事故，主要是对操作或作业规程生疏，或不甚了解，除了必要的培训外，往往通过安全戴帽进行安全生产动员。利用班前会，经常讲，反复讲，以便引起组员的重视。同时，对个别组员要单兵教练，目的是提醒注意、掌握方法以及如何避免安全事故的发生。比如，掘进巷道遇到断层或透煤，搞得不好，极易出事。班组长利用安全戴帽，做安全动员，大讲特讲安全以及注意事项，严把安全关。

3. 安全考核的内容

坚持安全戴帽，班组安全有保证。安全戴帽不单单是务虚，更主要的是务实。所谓务实，就是提醒组员注意，严格规章制度，不出事故，这是最大的效益。企业应把安全戴帽列为考核内容。其目的是提高班前会质量，以安全为主，其他为辅，做好安全动员，警钟长鸣。一般来说，月抽查记录，季考核会议质量，年终评比。安全戴帽是安全考核的一项内容，坚持务实与务虚相结合。关键是提高安全意识，掌握保护自己的本领。

4. 班组安全晴雨表

通过安全戴帽，知班组安全状况。说它是安全晴雨表，一点也不为过。其表现为：一是思想上重视安全，人人参与安全戴帽。比如，注意听讲，相互探讨，制定措施。二是精心准备，提高会议质量。班组长结合组员思想实际，有目的地讲，针对性要强，效果会更好。可以这样说，临时抱佛脚，应付了事，肯定会出事故。三是人人是会议主角，要积极参与，出谋划策。四是寓教于乐，生动活泼。形式多种多样，引起组员兴趣，达到“随风潜入夜，润物细无声”的效果。假如死气沉沉，为安全戴帽而“戴帽”，等于白白浪费时间，达不到预期目的。所以说，安全戴帽是班组安全晴雨表，不无道理。

三、案例细说

难忘的班前会

这天上白班，我像往常一样，从食堂吃完饭，不到七点二十就来到队部会议室，坐在板凳上，等待开会。

那个年代，我们采掘工把班前会叫“安全戴帽”。一般都由班长来讲，有时队长或书记主持，几乎天天如此。

那天，队党支部戴书记出现在会议室。我看他脸色铁青，一脸严肃，好像队里发生了什么事似的。我悄悄地问身旁的小李：“队里出啥事了吗”?

这时候，不知谁喊了一声：“大家注意了，听戴书记讲话。”

戴书记三十几岁，脸像煤那样黑，但说话很幽默。他扫了大家一眼，甩出一句没头没脑的话，“咋会是这样，瓦斯检查员竟被瓦斯给熏死?”我心里“咯噔”一下，脸吓黄了，这采掘工真危险，难怪小青年都不愿当采煤郎。但我眼睛没离开戴书记，很想知道发生什么事了，是不是我们井口？戴书记掐灭了烟头，乜了一眼班长，说起事故原委。

这起事故很简单，通风队有两名瓦检员，到采掘工作面检查完瓦斯，困劲上来了，他俩私自打开木栏（安全禁区），里面是一条10余米长的斜巷，怀里抱着瓦检仪，靠着柱腿，永远地“睡着”了。过了下班时间，队里不见他俩升井，派人四下寻找，发现木栏有打开的痕迹，进去一看，原来他俩竟在这里“休息”呢!

戴书记说完了，叹了一口气，又扫了大家一眼。

“你们说说，这叫什么事故?”戴书记问。

一时间，会场骚动起来，人人争着抢着发言，连不爱说话的刘老蔫都开腔了。他说：“明知山有虎，偏向虎山行。”

最后，戴书记看了看手表，意思是时间到了，该下井了。

他看了看我们，很干脆地说：“今天的会，开到这儿。”我想他咋不做总结呀？后来一想，真是老江湖，大家都发言了，目的达到了，多一个字他都不肯说。

这就叫“安全戴帽”，我心灵受到震撼，拥有瓦检器的瓦检员，竟然叫瓦斯给熏死。他俩进入“禁区”，本身就是违章，又到里面睡觉，更是违章。

那次“安全戴帽”，是我亲身经历过的。那年我中专毕业，分配到辽宁北票煤矿冠山二井422采煤队。历史车轮转过了半个世纪，那起钻木栏熏死的事故，我仍记忆犹新。

我长期在大型企业做宣传工作，只要有机会，就讲那次“安全戴帽”，就讲安全的故事。

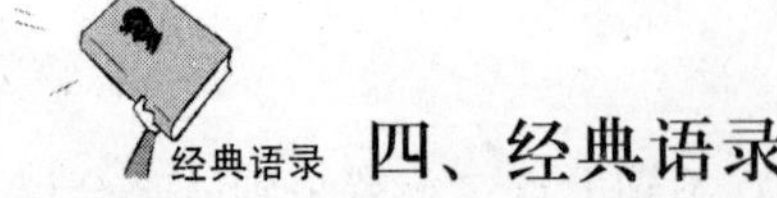

四、经典语录

（1）对隐患放纵就是怜悯毒蛇，对事故隐瞒就是犯罪于民。

（2）因“三违”受罚千万别烦恼，因为它提醒你要珍惜生命。

（3）条件好不等于安全好，知道了不等于做到了。

（4）不管他是谁，违章准倒霉。不怕条件差，就怕马大哈。

（5）安全思想稍为懈怠，事故马上向你袭来。

（6）违章刹不住，必然出事故。事先不严管，事后哭红眼。

（7）天燥有雨，人躁有祸；慎之于始，慎之于终。

（8）井下干活儿多留神，折梁断柱不认人。

安全知识测试

五、安全知识测试

1. 测试题

（1）《危险化学品安全管理条例》（国务院令第 591 号）自________起施行。

A. 2011 年 3 月 1 日　　B. 2011 年 12 月 1 日　　C. 2012 年 1 月 1 日

（2）《危险化学品安全管理条例》（国务院令第 591 号）适用于________的安全管理。

A. 危化品生产、储存、使用、经营、运输和废弃

B. 危化品生产、储存、使用、经营和运输

C. 放射性物品

（3）安全生产监督管理部门负责对新建、改建、扩建生产、储存危险化学品，包括________的建设项目进行安全条件审查。

A. 天然气开采的配套输送、存储

B. 城镇燃气的输送及储存

C. 使用长输管道输送危险化学品

（4）生产、储存剧毒化学品的单位发现剧毒化学品、易致爆危险化学品丢失或者被盗的，应当立即向当地________报告。

A. 安全生产监督管理部门　　B. 公安机关　　C. 人民政府

（5）剧毒化学品经营企业的危险化学品经营许可证，应当向所在地________人民政府安全生产监督管理部门提出申请。

A. 市级　　B. 设区的市级　　C. 省级

（6）个人不可以购买________。

A. 剧毒化学品和易制毒化学品

B. 剧毒化学品（属于剧毒化学品的农药除外）和易致爆危险化学品

C. 属于剧毒化学品的农药

（7）载运危险化学品的船舶在内河航行、装卸或者停泊，应当悬挂________，按照规定显示专用信号。

A. 普通标志　　B. 警示标志　　C. 专用的警示标志

2. 答案

（1）B （2）B （3）C （4）B （5）B （6）B （7）C

第六章

细节管理最为重

一、相关漫画

早晚会“大”的

二、细节管理精讲

(一) 什么是细节管理

1. 细节出在何处

老子有句名言:“天下大事必作于细,天下难事必作于易”。“泰山不拒细壤,故能成其高;江海不择细流,故能就其深。”所以,大礼不辞小让,细节决定成败。意思是,做大事必须从小事开始,天下的难事必定从容易的做起。所谓细节管理,就是要把安全工作落实到人的行为上。不放过任何一个细节,并精心做好每个细节,方能成大事。之所以要加强安全细节管理,不是为了赶时髦,而是大势所趋。我们落实岗位责任制,就是把工作做到家,准确无误,不流于形式,不留任何纰漏,不出现任何瑕疵,做到细上加细,万无一失,不给安全隐患留任何缝隙,实现安全生产。比如,“神九”与“天宫”对接成功,说明航天员狠练基本功,千锤百炼,技术达到了炉火纯青的地步。由此可见,没有细节,就没有成功。

2. 细节管理的重点

再高明的管理者,如果失去对人的管理,特别是对人的行为管理,那将一事无成。那么细节管理的重点是什么,通俗地讲,就是对人的行为管理。恰恰安全管理,又是矫正和规范人的行为,在不同的岗位上,各司其职,不走样,做到精益求精,不给任何安全隐患留有任何空间,堵住事故之门。然而,人的行为管理,又是非常困难的。生产岗位的每个人都肩负生产的重任,如果违章作业发生事故,轻者机器罢工不转;重者会使整个生产线处于瘫痪状态,发生安全事故在所难免。所以说,所有的法律、法规都是从教训或失败中总结出来的,反过来又对人的行为予以规范和约束,谁做得到位,就会出精品。反之,连自己都保护不了,还会殃及池鱼。安全管理的内容很多,不光是贴在墙上,说在嘴上,更重要的是落实到行动上,所谓行动,就是细节管理,就是对人的行为管理。细节做得不好,事故就会找上门来。细节决定成败,不无道理。

3. 细节与安全管理关系

可以说,没有细节,就没有安全管理。离开细节的安全管理,是粗心大意,徒劳无益,毫无意义。企业为保护岗位工人的安全,制定了若干规章制度。在某种意义上说,规章制度就是“细节”,就是一种约束。然而,细节与安全管理,二者又是一致的,安全管理靠细节来实现,相反细节又决定安全管理的成败。如果泛泛地讲,粗放地管,岗位责任制很难得到落实。举个简单的例子,煤矿瓦斯

有时出来“咬”人，如果光讲要防范瓦斯，但没有具体措施，恐怕仍旧挨“咬”。其中的原因就是忽略了细节，细节就是高质量的工作。技术措施不到位，工作没做到家，瓦斯就会兴风作浪。我们抓细节管理，就是抓安全措施的落实，谁落实得好，没有疏漏，就会减少或避免事故发生。

4. 细节不是说出来的

细节不是说出来的，而是做出来的。比如牙雕，出自雕刻家的每一刀，并做到准确无误，细致入微，天衣无缝，找不出半点破绽。成功的秘诀就在于“细节”。书法家更是如此，一幅好的墨宝，从构图、笔锋、用墨上，都颇有讲究。讲究什么？无外乎是细节。再比如，中平能化集团七星公司（原平煤集团七矿）开拓四队班长白国周，他总结了“六个三”安全管理法：即三勤、三细、三到位、三不少、三必谈、三提高，他所在的班组 22 年无事故。白国周的经验告诉我们，细节决定管理，管理决定安全。然而，细节又要付出很大的代价，没有付出，一事无成。西安铁路局新丰镇机务段秦北运用车间火车司机罗海龙，17 年安全“零事故”，他和工友总结出了“一根棍”上岭机车操纵法，即“牵引级位逐级给，小闸 300 缓慢回，限速解除加速度，大桥试闸要盯住，待到分相须精心，平稳安全第一位”。上述事例说明，任何成功都离不开细节，但细节不是说在嘴上，而是落实到行动上。

（二）细节管理的内容

1. 生产技术看精准，细节管理离不开生产技术

生产技术是生产力。衡量班组的生产力，要看生产技术的精湛程度。决定其精湛程度的，又是细节。那些能工巧匠，并非天生的，都是在各自岗位上锻炼打磨出来的，天长日久，练就一身硬功。比如，原青岛港桥吊司机许振超，苦练技术，练就了“一钩准”“一钩净”“无声响操作”等绝活，提高了装卸效率，创造了集装箱装卸船的世界纪录。岗位成才在于细节，在于驾驭客观规律，在于勤学苦练。实际上，谁抓住了精准，谁就练就了硬功，既掌握了生产主动权，又能保护自己，一举两得。

2. 操作过程看细节

安全隐患往往是在操作过程中发生的，若不矫正，极易酿成各类事故。岗位工人心知肚明，一个动作，一个按钮，一个零部件，一个程序，都会形成对其生命的威胁。产生的原因，在于细节差错，甚至犯了低级错误。比如，煤矿的绞车司机，由于精力不集中，明明是停车的信号，却误听成了开车，结果造成了事故发生。再比如，明知闯红灯是违章，但却变刹车为开车。操作过程最能检验岗位工的素质，往往是出差错之源。如果我们严格按规程操作，且做到认真、到位，不放过任何瑕疵，就不会发生问题。由此可见，抓住了操作过程的细节，就等于

消除了安全隐患。

3. 安全隐患看管理

安全隐患不是天生的，更不是人为设置的，而是由违章所致，给班组安全制造了威胁。这里有两个问题提醒注意：一是在生产工作中，严格规章制度，规范岗位工行为，就很难出现安全隐患。换句话说，抓住细节，守住动作，掌握要领，精益求精，就能防止安全隐患的发生。二是发现安全隐患，认真对待，不留后患。有些安全隐患，潜伏在作业场所之中，或是设备，或是操作程序，或是生产过程之中，我们要管理到位，把安全工作做细，不留任何漏洞，不给安全隐患以藏身之地。

4. 班组管理看素质

安全管理是门科学，又是一项制度。假如我们班组素质不高，远远适应不了现代化生产需要，就极易发生这样或那样的事故。当务之急是提高班组管理素质。通常来讲，是劳动者对社会职业了解与适应能力的一种综合体现，其主要表现在职业兴趣、职业能力、职业个性及职业情况等方面。影响和制约职业素质的因素很多，主要包括受教育程度、实践经验、社会环境、工作经历以及自身的一些基本情况（如身体状况等）。只有班组成员具有良好的素质，才能把安全管理做到极致，井然有序，不出差错。素质高低既取决于学习和教育程度，又取决于生产实践。从事故高发的班组来看，往往是由于组员素质太低，技术水平不高，责任心不强，工作不认真，把作业（操作）规程丢到一边，蛮干、瞎干。所以说，班组安全管理看素质，素质高低看驾驭生产能力。只要细上加细做工作，事故就不会找上门来。

（三）实现细节管理的动力

1. 来自内心

任何工作都必须从一点一滴做起，每个细节，每个操作流程，都要规范细致。同样生产条件下的两个班组，为何一个是先进的，一个是落后的，究其落后的原因，无外乎有以下四个方面：一是人心不齐，动作不一致。二是心不在焉，没把工作当回事。三是由着性子干，根本不顾后果。四是胸无大志，只想自己。能否把工作做到家，关键是心系岗位，把企业当成家，像在自己家里做事一样，认认真真，不怕辛苦，好上加好，精益求精。外因是条件，内因是动力。这是实践所证明了的，应引起高度重视。

2. 来自制度

现代企业的竞争是企业文化的竞争，是人的素质的竞争。管理的基础是制度。没有制度，一盘散沙，杂乱无章，一事无成。所谓制度，既是办事规程或行动准则，又是标准、规矩、限制和约束。没有规矩不成方圆。没有制度，势必是

无序生产，肯定要出事故。比如，白国周班组管理法，说到底，就是一套完整的规章制度，是在生产实践中摸索总结的经验，并指导生产实践，做到了 22 年无伤亡事故。他们靠什么保证安全，当然是人，是人制定了规章制度，反过来，规章制度又来约束人的行为，不能离开这个轨道。再比如，世界的名牌企业，他们之所以出名牌产品，归功于有“名牌”的人，更重要的是有严格的规章制度。由此说来，没有规章制度做保证，就很难生产出精良的产品。

3. 来自习惯

人的习惯就是一种潜意识。当所做的工作达到一定的熟练程度后，就会变成一种潜意识，变成一种习惯。任何一项工程，都可以分解成为无数个细节，无数个细节的严格执行，使其变成一种习惯。细节就是习惯，更是一种良好的习惯。比如，有个车工师傅，他的工作服永远是干净的，很少沾上油渍，从毛坯到卡盘，到车好每个零部件，他都一丝不苟，从不毛糙。好习惯来自多年的培养，同时也成就了精湛的技术，他是工厂有名的车工大王。细节源于习惯，习惯又能打造细节，二者是相辅相成的。凡是不注重习惯培养的，自然就冷落了细节。有位名人说得好：播种行为，收获习惯；播种习惯，收获性格；播种性格，收获命运。

4. 来自创新

现代企业管理的一项基本职能就是创新。创新是知识经济的本质特征，也是企业生存和持续发展的灵魂，只有不断创新，与时俱进，才能适应安全发展的需要。只有注重细节管理，把每一件小事做到极致，安全生产才会有保障。所谓创新，包括三层含义，第一，更新。第二，创造新的东西。第三，改变。安全管理，仍需创新，不只是在管理方式上，而且也在内容上。班长白国周在日常的生产实践中总结出了一套行之有效的班组管理方法，其主要内容可以概括为“六个三”：即三勤、三细、三到位、三不少、三必谈、三提高。这套管理方法的核心，离不开细节，千方百计地把工作做到位，不留任何差错，不给安全隐患留下生存的土壤。我们要坚持创新，想尽各种办法，开创班组安全管理的新路子、新渠道和新方法。

三、案例细说

细节决定成败

2003 年的夏天是个多灾多难的夏天，长江遭遇了一场特大洪灾。荆江大堤公安县南平镇堤段出现了管涌，水面出现翻花，大量浉水翻沙，险情不断恶化，孔道扩大，基土被淘空，大堤危在旦夕。到底是什么原因造成的管涌呢？大家七嘴八舌议论开了，纷纷献计献策。但抢救大军使出浑身解数，都无济于事。

雨，还在下着，像筛子似的往下漏，大堤承受着前所未有的压力，洪水涛涛滚滚，时刻有漫过堤坝的危险。水利专家看着江水翻花，脸色凝重，难道水里藏有蛟龙，还是水怪，这是他们的疑点。再仔细观察，凡是江水翻花处，堤坝下面均渗水，一股一股的，时大时小。这就是我们通常所说的管涌。抗洪大军，分兵把守，花费了大量人力、财力，但那管涌神出鬼没，时不时涌出一股水。

雨，未停歇，江水仍在猛涨，人们好像听见大堤发出了呻吟声，意思说，快想辙吧，否则，我们就顶不住了。当地镇长知道，找不出管涌的原因，就很难制定根治的办法，时刻有发生溃堤危险。他看着水利专家，意思说，快想想办法吧？水利专家比镇长心里还急。

突然，水利专家想起“千里之堤，溃于蚁穴”的成语，莫非管涌的原因是蚂蚁所致？水利专家嘴角露出淡淡的笑容。另几位专家断定他找到了管涌的原因，急切地问：“快说说看。”他看着翻花的江水，愤愤地说：“原来是你呀，兴风作浪，看我怎样收拾你。”另几位专家愣了，以为他在说呓语。这时，这个专家拍着手，扔掉了雨伞，像范进中举一样，高声喊道：“就是它，白蚁！就是它，白蚁!”那几位专家听得真真切切，连连点头称是。

镇长带领群众采取有效措施，经过 5 h 奋战，排除了险情。故事讲到这儿，有个理不能不说。千里之堤，溃于蚁穴；细致入微，才想出了管涌症结之所在。

四、经典语录

(1) 天下难事，必做于易；天下大事，必做于细。

(2)“夫祸患常积于忽微，而智勇多困于所溺。”——就是说祸患常常是由一点一滴极小的不良细节积累而酿成的，纵使是聪明有才能的和英勇果敢的人也多半沉溺于某种不良的嗜好中，受其迷惑而结果陷于困穷。

(3)“不矜细行，必累大德。”就是说平时不注重小节，必将有损于品德修养，以至于犯下大错误。

(4) 勿以恶小而为之，勿以善小而不为。

(5) 一失足成千古恨。

(6) 一屋不扫，何以扫天下。

(7) 泰山不拒细壤，故能成其高；江海不择细流，故能就其深。

(8) 千里之堤，溃于蚁穴。

(9) 不积跬步无以至千里，不积小流无以成江海。

(10) 一招不慎，满盘皆输。

（11）牵一发而动全身。

（12）大礼不辞小让，细节决定成败。

安全小故事

五、安全小故事

千里之堤，溃于蚁穴

中国古代有这样一个故事：黄河岸边有一片村庄，为了防止水患，农民们筑起了巍峨的长堤。一天，有个老农偶尔发现蚂蚁窝一下子猛增了许多。老农心想：这些蚂蚁窝究竟会不会影响长堤的安全呢？他要回村去报告，路上遇见了他的儿子。老农的儿子听后不以为然地说：那么坚固的长堤，还害怕几只小小的蚂蚁吗？随即拉着老农一起下田了。当天晚上风雨交加，黄河水暴涨。咆哮的河水从蚂蚁窝开始渗透，继而喷射，终于冲决长堤，淹没了沿岸的大片村庄和田野。这就是“千里之堤，溃于蚁穴”这句成语的来历。

第七章

应知应会基本功

一、相关漫画

俺不会……

二、应知应会精讲

（一）做工人的起码要求

1. 岗位工基本条件

每个岗位工都应做到应知应会，这是起码的条件。不管是什么工种，什么岗位，都应如此。比如，战士不会打枪、放炮，汽车司机不识路标，井下掘进工不会打眼放炮、架棚等，那就很难完成本职工作，更别说创新了。岗位工的基本条件是应知应会，履行其职责，像哨兵一样坚守岗位。俗话说，干啥吆喝啥，假如汽车司机不识路标，安全员不懂规章制度，工程技术人员不会看图纸，烧锅炉的司炉工不识气压表等，有太多太多的“不会”，假如每个班组有三分之一是这样的人，那么这样的班组还能完成任务吗？所以说，每一个岗位工都应做到应知应会，各司其职，这是胜任工作的起码条件。

2. 岗位工基本素质

企业里的每个工种、每个岗位都是构成社会化大生产不可缺少的链条中的一节。一旦某个工种或某个岗位发生了这样或那样的问题，这个链条就会发生脱节，轻者，停工停产；重者，发生伤亡事故。我们在分析事故原因时发现，人为的因素占有绝对的比例。再深究，有的岗位工没有做到应知应会，因为一个小小的差错，给事故的发生造成可乘之机，发生了不该发生的惨剧。说应知应会是岗位工的基本素质，并不为过。因为素质包括生产技能、操作（作业）规程以及驾驭各种劳动工具的能力等。衡量其素质如何，首先是看他（她）是不是应知应会。我们常说，某某岗位工素质不高，或者说班组素质较低，一般是指文化水平、驾驭本职工作的能力，还有是否对有关法律法规应知应会，是否遵章守纪等，这些都是素质的范畴。说到底，岗位工的基本素质还是应知应会，可见应知应会是多么重要。

3. 安全生产基本保证

试想一个不会游泳的人一头扎进水里，会有什么结果呢？如果我们生产班组的组员连本职工作都不会干，作业规程都不懂得，有关安全标志都看不明白，那么这样的组员不但完不成任务，相反还会出事。对于班组每一个成员，不但要掌握劳动工具的使用方法，生产符合质量要求的产品，还要了解或懂得有关法律法规；否则，拿不起放不下，似是而非，又不懂装懂，那就很难保证人身安全。在某种意义上说，应知应会与安全生产成正比，现代化大生产更是如此。应知应会的内容很多，又急需掌握和驾驭，并不是件简单的事情，要做到安全生产，应做

到以下几点：一是加强安全教育，提高安全防范能力。通过“安全戴帽”或业务培训，提高技术水平和业务能力。二是坚持自学，或向他人学习，做到应知应会，胜任本职工作。三是提供学习条件，或办夜校（网上夜校），搞大比武、技术练兵、安全知识测验等，以适应安全发展的需要，做到不违章、不违纪，保证安全生产。

4. 能工巧匠必由之路

能工巧匠也不是与生俱来的，像万丈高楼一样，要一层一层地垒起来。要成为能工巧匠，通常有这样几个条件：一是夯实基本功。这里所说的基本功，就是从应知应会做起，像以往的学徒工一样，从一点一滴做起，从一招一式练起，由浅入深，循序渐进，步步登高。二是精益求精。韩愈有句名言：闻道有先后，术业有专攻。不管来厂早晚，只要对某项技术深入研究，就能做出成绩。比如，普通工人许振超，由于刻苦学习，勇于攻关，最后成为桥吊专家。三是坚持不懈，水到渠成。有很多能工巧匠，并非一日之功，而是经过多年的探索打磨，甚至是失败，最后修成正果。由此说来，只有做到应知应会，才是通往能工巧匠的必由之路。一锹挖不出一眼井，一口吃不下一个馒头，凡成功者都是百炼成钢。

（二）事故之源

1. 无知者无畏

拿生命当赌注的一般都是无知者。所谓无知者无畏，是指啥知识都没有，竟敢做他不熟悉的事情。其结果可想而知。比如，不会游泳，偏去救落水者，精神可嘉，但白白搭上一条命。再比如，明知窨井熏着人了，救人心切，不分青红皂白，匆匆下井，结果人没救成，自己也出不来了。像这样的事例举不胜举。产生的原因有以下几个方面：一是无知便是无能，别说拯救他人，连自己的命都保不住。二是无知便是无畏，不知天之大，地之阔，看似无所畏惧，其实什么事也做不好，什么事也干不了。三是无知便是无成，没有哪个无知的人会成为科学家或是能工巧匠。由此可见，无知也是事故之源。

2. 无知难解忧患

下面列举几个遇到了险情，因无知酿成大事故的例子。2007 年 5 月 26 日，辽宁某市一家酒店发生了火灾，除了客观原因外，其主要原因是厨师竟然不会使用柴油灶，本来该关闭阀门，他却开启了，结果造成柴油大量外泄，酿成一起重大火灾事故，死伤数人。2007 年 6 月 15 日广东九江大桥发生塌桥事故，当时运沙船上装载有一部雷达，雷达系统正常开启。然而，可悲的是，拥有内河二等船长资质的石某竟然不知道如何操作雷达系统，无法用雷达测出大桥与运沙船的实际距离，导致事故发生。某企业的锅炉房司炉工由于不会看气压表，结果水压超过极限，发生了锅炉爆炸事故。从以上案例可以看出岗位工应知应会的重要性，

他们的素质直接关系到企业财产和人身安全。

3. 无力保护自己

学好数理化，走遍全天下。乍听这话有些夸张，但实质是说知识如何重要。这里说的知识是广义的，不仅包括书本，而且包括生产实践。《水浒传》中的武松打虎，虽说是文学作品，但从另一个侧面说明知识的重要性。倘若武松没有一身武艺，面对穷凶极恶的老虎，是制服不了的，相反还会被老虎吃掉。掌握或驾驭知识，等于有了“护身符”，才能保护自己。这样的事例很多。如果我们没有知识，很难保住自己和家人的生命。举个例子，家里的天然气漏气且浓度很大，若不去关阀门或开门窗，而去打电话，结果天然气遇到火花发生了爆炸。如果拥有或掌握这方面的知识，就不至于发生这样的事故。在生产中，会遇到各种各样的突发事件，有的处理了，有的则被突发事件夺去了性命，道理很简单，无知的人处理不了险情，当然也就不能保护自己。

4. 殃及池鱼

要做到安全生产，虽说班组长很重要，但需要大家齐心协力，人人把住安全关。有一人违章，有可能殃及整个班组，甚至危及他人。无知是事故之源，最容易捅娄子，非但自己白白送命，而且还殃及他人。换句话说，一个人的失误有可能殃及其他人的生命。比如，矿井的掘进工发现炮眼涌水，虽说水不大，但却是透水的信号，他却浑然不知，继续打炮眼，结果强大的水流把炮眼拱开，在场的几个掘进工无一幸免。这个事例说明，某个人的无知会牵连其他人。既然是一个班组，人人都要应知应会，掌握生产技术本领，不出任何差错，不出事故，全组受益，一人出事，殃及池鱼，这个道理无须赘述。

（三）应知应会渠道

1. 严把入口关

对重点岗位工要优中选优，严把入口关，这是保证班组正常生产的起码条件。现代化班组必须有掌握现代化生产本领的组员，既保证完成生产任务，又能保证人身安全。因此，班组成员都应该是训练有素的，要掌握一定的生产技能，做到拉得出，开得动，打得赢，特别能战斗。把住入口关，像过筛子一样，就是把那些无知的、没有文化和技术的人拒之门外，更不能把南郭先生招进班组。就是说，不掌握生产技能，一问三不知，不能独当一面，岂能上岗作业。不把无知的人招进来，话是这样说，但真正做到很难，班组长没有用人权力，领导分配什么工人就接收什么工人。作为班组长，对不合格的工人应有权拒绝。

2. 考试经常化

企业把岗位培训摆到了重要位置，对于重点岗位、重点工种，坚持持证上岗。但是，往往有的企业考评不认真、不严肃，甚至出现“花钱买证”的现

象，名义上有了上岗证，实际上是遮人耳目。于是在关键岗位上出现了一批假李逵、假洋鬼子，一旦发生险情，他们束手无策，不但排除不了故障，相反却“助纣为虐”，成了罪魁祸首。考试有两种，一是理论考试，二是实践操作考试，两者都很重要。但从实践第一的观点看，实践更为重要。现在有一种倾向，往往是重视理论考试，忽视实践操作考试，那是不对的。比如，射击理论背得滚瓜烂熟，但却培养不出神枪手，神枪手是用子弹培养出来的。再比如，矿山需要两名绞车司机，经过培训，有几人达到要求，关键是实际操车技术。实践考试，考的是责任心，是不是细致入微，是不是头脑反应灵活，遇到突发情况如何排除。所谓严格，是指严格考试科目，严格考试纪律，严格评判，只有这样，才能使组员真正做到应知应会，并做到拿得起，放得下，挑大梁，岗位做能手，生产是尖兵，安全做模范。同时，班组应涌现更多的技师或高级技师，企业应为他们成才创造条件，提高组员的素质，以便承担更艰巨的生产任务。

3. 岗位培训

没有文化的军队是愚蠢的军队，而愚蠢的军队是不能战胜敌人的。因此培训是相当重要的。人不是生而知之，而是学而知之。不经过培训，很难胜任本岗位工作。如今，岗位培训方兴未艾，各企业非常重视，岗位工应掌握新工艺、新技术，并能驾驭新设备。培训种类繁多，有脱产培训，有进大专院校学习，有岗位练兵，不管哪种形式，都是一个目的，就是做到应知应会，这是岗位工的起码条件。对于班组来说，最好的培训是岗位练兵或师傅带徒弟，在实践中学习技术，承担“艰、险、重”任务。有条件的班组应创造条件，培训组员，使其尽快成长，担当重任，提高生产效率。实际上，班组本身就是“训练场”，通过言传身教或手把手地教，使组员熟练掌握本岗位工作，在班组培养出更多的技术能手。

4. 刺激鼓励

光强调应知应会不行，必须拿出具体的措施和办法，刺激组员学技术的积极性和创造性。那么怎样刺激呢？一是评选技术能手，做到报纸有名，电视有声，立功受奖。事实上，这种刺激太少，很多企业不评技术能手。二是上浮工资。对有突出贡献的工人，使其物质上得实惠，精神上受鼓励。应像宣传优秀班组长白国周那样，做到家喻户晓。但对技术考核不合格且经过强化训练仍不见效者，降低其工资和奖金。刺激其迎头赶上，奋起直追。三是从生产一线工人中选拔干部，充实到机关科室或选调到其他班组做班组长。四是淘汰制，对不钻研技术，不能胜任工作，经常出现质量差错和安全问题的，可以调离本班组。五是树立应知应会先进典型，大张旗鼓宣传，其目的是形成一个应知应会的氛围，掀起一个比学赶帮超的学习热潮。

三、案例细说

人生 76 s

天有不测风云，人有旦夕祸福。

2012 年 5 月 29 日，风和日丽，万里无云。高速公路上，车水马龙，汽车一辆接一辆。

杭州长运客运二公司司机吴斌，仍像往常一样，全神贯注，驾驶一辆大客车，往返于无锡至杭州的途中。突然，空中飞来了一块铁块，以迅雷不及掩耳之势，冲着这辆大客车奔来，击碎了客车前挡风玻璃并砸向他的腹部和手臂。顿时，吴斌鲜血直流，眼前漆黑一片，但他双手仍紧紧地握着方向盘。

吴斌知道自己受伤了。一般人肯定会先低头看看自己的伤势情况，但他不是这样，而是以超越人的生理极限和本能，处理了这起突发事件。他知道，大客车不能停在路中央，那样危险会更大，他强忍着剧痛，先稳稳把车行驶了两三百米后，慢慢停在高速公路边上，同时打开双闪灯，从驾驶室艰难地站起来告知车上旅客注意安全，告诉乘客不要慌，会有车来接的，之后打开车门安全疏散旅客。吴斌在肝脏破裂、肋骨骨折的剧痛下，20 多米的刹车距离，平稳得连乘客都不知道司机此刻遭受如此重创，完成一系列完整的安全停车措施，确保了 24 名旅客安然无恙，而他自己虽经全力抢救却因伤势过重去世，年仅 48 岁。短短的 76 s，吴斌在平凡中铸就辉煌。

之所以做出惊人之举，在于吴斌有精湛的开车技术。他知道该做什么，不该做什么。又因他身体意外受伤，且伤到要害之处，在生命的垂危之中，面对肝脏破裂及肋骨多处骨折，肺、肠挫伤，他没有想别的，而是司机的责任感。把车开到安全地点，然后做了一系列动作，如果他的驾技一般，即使境界再高，也无济于事。

吴斌敬业爱岗，主要是他把安全放在第一位。十年来，他安全行车超过 100 万公里，可以绕地球 30 多圈，载送旅客 13 万余人次，没有一次车辆抛锚，没有一起交通事故，没有一次违章记录，没有一起乘客投诉。虽然是一名老司机，但吴斌一直把自己当成新手，视手中的方向盘为生命线。

他是个平民英雄，他所做的一切，看似平凡而普通，但没有平时练就的开车技术，很难做出这样的惊人之举。

人生的 76 s，短暂一瞬间，却谱写了人间大爱。

经典语录 四、经典语录

（1）安全警钟长鸣，头脑保持清醒。

（2）一时疏忽，可以唱出咏叹调；百般小心，可以谱出幸福歌。

（3）常警惕，化险为夷；常麻痹，事故不离。

（4）违章作业等于自杀，违章指挥等于犯罪。

（5）安全的第一敌人，就是侥幸心理。

安全知识测试 五、安全知识测试

1. 测试题

（1）低碳钢中碳的质量分数小于________%。

A. 0.1　　B. 0.25　　C. 0.6

（2）在焊缝金属中，把能够进行自由扩散的氢称为________。

A. 残余氢　　B. 固溶氢　　C. 扩散氢

（3）焊接通常分为熔焊、钎焊和________三大类。

A. 气焊　　B. 弧焊　　C. 压焊

（4）物质由液态冷却转变为固态冷却的过程称为________。

A. 凝结　　B. 固化　　C. 凝固

（5）仰焊时不利于熔滴过渡的是________。

A. 重力　　B. 表面张力　　C. 电磁力

2. 答案

（1）B　（2）C　（3）C　（4）C　（5）A

第八章

岗位练兵铸精英

一、相关漫画

相互学习

二、岗位练兵精讲

(一) 铸造精英

岗位练兵铸精英。从普通工人到技术精英，需要很长的时间，他们经过无数次探索实践和磨砺，不断总结经验教训，甚至是流汗流血，方能打造时代精英。这样的事例，不胜枚举。从老模范孟泰、赵梦桃到新时代的许振超、白国周，他们都是在本岗位脱颖而出的。没有付出，岂能有丰硕的成果。具体来说，有五练：一练基本功，做到应知应会，一丝不苟。二练作风，不怕苦和难，特别能战斗。三练细节，精益求精。四练绝技，有看家本领，一手绝。五练思想，遵纪守法，诚实守信。可以这样讲，素质不是说出来的，而是苦练出来的，水滴石穿，百炼成钢。

1. 练就基本功，夯实基础

所谓基本功，就是从基础练起，像小学生那样，按照标准，精雕细刻，直至符合有关要求和规定。到底咋样练基本功？那就是立足本岗，从一举一动做起，一招一式练起，像体育运动员那样，有的动作，需要上千万次锤炼，直至炉火纯青。尤其是新工人，不管是在什么岗位，也不管是在哪个工种，都应如此。应该说，每个岗位都有每个岗位的要求，即使理论呱呱叫，如果没经过严格的训练，没有实际操作，是掌握不了基本技能的。然而，基本功又是通往能工巧匠的必由之路，要在岗位上练，甚至在家里练，天长日久，夯实基础，才能熟能生巧，上台阶，上水平。

2. 练就作风，英勇善战

作风不是说出来的，而是经过艰苦的磨炼，不懈的努力，形成比较稳定的做派和风格。我们在生产过程中，会遇到这样或那样的困难，不能畏缩不前，见硬就回，而要大胆泼辣，稳健平实；不能粗枝大叶，缺乏严谨，而要注重细节，精益求精；不能拈轻怕重，而要迎难而上，勇挑重担。衡量一个班组的作风，就是敢于打硬仗，知难而进，特别能战斗。比如，1975 年全国煤矿采掘队长会议，辽宁北票矿务局冠山煤矿 4214 掘进队被国家煤炭工业部命名为“无坚不摧的 4214 掘进队”，成为全国煤炭战线的十面红旗之一。38 年来，他们发扬光荣传统，敢打硬仗，实现了快速、优质、安全、低消耗目标，永不褪色。所谓作风，是指在生产工作中，吃大苦，流大汗，勇于创新，开拓进取，特别能战斗。

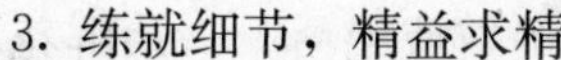

3. 练就细节，精益求精

细节决定安全，细节决定成败。只有岗位练兵，练就娴熟技术，生产出来的产品，才能质量好上加好，无一疏漏，无一疵点，完美无缺。比如，同样按操作规程作业，为何有的出现次品、废品，甚至是伤其手脚，主要原因是细节不细，欠功夫，不够熟练，甚至是稀里糊涂。所谓练细节，就是把工艺吃透，把技术练精，不管在任何情况下，都能优质高效安全地完成生产任务。实际上，普通工人与能工巧匠的区别，就是看谁把工作抠细，不留瑕疵，精益求精，找不出半点破绽。比如，矿井发生瓦斯爆炸事故，根子还在于细节，在于预防措施不到位，甚至给安全隐患留有很大的空间。所谓抠细节，就是抠熟练程度，抠过程的完美，抠炉火纯青，抠功夫到家。

4. 练就绝技，承担重任

能工巧匠不是说出来的，而是经过千锤百炼锻造出来的。企业中涌现出来的技术能手、车工大拿、采煤能手等，是他们敬业爱岗的结果。有付出，就会有回报。原青岛码头桥吊司机许振超，从本岗做起，经过长期的摸索与实践，甚至是多次失败，修成正果，练就了“一钩准”“一钩净”“无声响操作”等绝活。如果说生产实践是大学校，那么班组就是成才的摇篮，像孟泰、王崇伦、王进喜、赵梦桃、许振超、白国周等一批劳动模范，他们手上都有绝活，在岗位上尽显风流。

5. 练就思想，永不言败

树立良好的安全意识，做到不违规违章，并不是件容易的事情，需要长期打磨，培养良好习惯。思想是方向盘，是大脑的总开关，又是指导我们行动的指南。锤炼思想作风，说到底就是加强思想政治素养，是理想信念、政治品质、是世界观、人生观和价值观的具体反映。然而，我们往往忽视思想作风的锤炼，安全出了问题，不是从思想上挖根源，而是一味地罚款或处分，其效果并不理想，违规违章现象屡禁不止，按下葫芦浮起瓢，反反复复，主要是思想作风不过硬。所谓练思想，就是练诚信，练职业道德，与时俱进。大体的做法一是学习，武装头脑；二是在生产中磨炼，风吹浪打不动摇；三是持久地练，安全第一，立足本岗作贡献。

（二）方法种种

1. 班组长教班组成员

一般来说，班组长大都是生产业务能手，有一定专长，并能驾驭班组，带领班组成员完成各项任务。然而，班组成员技术业务水平参差不齐，班组长有义务传授经验，帮助他们迎头赶上，掌握和驾驭生产设备、生产技术和先进工艺。常用的方法有以下几种：一是单兵教练。对新工人手把手地教，手指口念，直至他们能够独当一面。二是做示范。班组长应展示自己的绝技或绝活。一朵鲜花不是春，万紫千红春满园。三是有意识地组织岗位练兵，每月或每星期抽出一定时间，或是讲解生产技术知识，或是掌握和驾驭有关设备要领，或安全生产法规及规章制度。四是班组长要钻研技术，尤其是先进技术和先进工艺，先当学生，再当老师。五是加强考核，并纳入班组民主管理内容之中。这种办法有三大好处：其一，县官不如现管，效果明显，事半功倍。其二，结合实际，学的快，记得牢，实用性强。其三，学为所用，立竿见影，收效大。

2. 班组成员教班组长

班组成员中拥有很多生产能手、技术高手，甚至是安全标兵，他们应是班组长学习的榜样。班组长应利用本班组的人力资源，采取兵教官的办法，取长补短，提高技艺，发展自己，以便发挥其模范带头作用。实际上，班组长不是“全才”，啥都通晓，什么技艺都能掌握，要想提高其素质，首先在理论上武装自己，从书本上要知识，要办法，要才干。其次要善于学习。三人行，必有我师。班组成员教班组长，弥补不足，增长才干。班组长必须放下架子、面子，不耻下问，甘当小学生。聪明的班组长，利用这种方法补氧、充电，以获得更多的知识，提高自身素质。反过来，又传授给所有的班组成员，做到一举两得，人人受益。

3. 班组成员教班组成员

部队有兵教兵的光荣传统，我们应该继承和发扬。这种方法很适合于班组。班组成员教班组成员的方法，有以下四个：一是师傅带徒弟。签订“师徒合同”，一帮一，通过师傅的传帮带，促使徒弟尽快成长，并能在生产工作中独当一面。二是班组成员当教官，做示范动作，搞技术表演，实现其自身价值，激发其积极性和创造性。三是“亮剑”，发动班组成员献计献策，亮绝招，开眼界，增才干。四是传经送宝。人人做教员，个个讲绝技。班组确实有能人，对于那些注重生产细节，又不出任何差错的，请他们传经送宝。以上方法，虽很普通，但很有效果，利于推广，利于岗位成才。

4. 技术比武

岗位练兵方法很多，技术比武是最好的练兵，也是技术考核的一种方式。俗话说，是骡子是马，拉出来遛遛。班组开展技术比武，看谁的技术水平高，优质高效安全，生产一流产品，甚至是精品，就应立其为标杆，做到学有榜样，赶有方向，比有对手，追有目标，涌现一大批技术尖子，又储备了技术人才。技术比武要因地制宜，以班组为平台，在车、钳、铆、电、焊工种开展技术比武，又可在井下采掘工人中搞竞赛，看谁进米多，巷道质量好。结合班组成员实际，抓住薄弱环节，不定期搞比赛，既是岗位练兵，又是技术交流，可大大提升班组整体素质，提高生产力水平。

(三) 勇于创新

1. 培训创新

所谓培训创新，就是指摒弃那些不注重效果的岗位培训方法，采用班组成员易于接受的与时俱进的先进方法。具体说来，有三性：一是超前性。随着企业的进步，生产力的发展，班组硬件鸟枪换炮，引进了新工艺、新技术和新设备。有目的地组织培训，采取夜校形式，请有关技术人员上课，提前掌握有关新知识、新技能，利于提高班组成员的技术水平。二是实用性，符合班组成员实际需要，不搞形式，使班组成员真正学到了知识，并运用到生产实践中去。学习的目的在于应用。要紧密结合班组成员的实际，缺啥补啥，哪方面薄弱就加强哪方面的培训。三是实效性。注重实效，不搞花架子，有实际工作能力，一旦发生了变故，有较强的应变能力；在日常工作中，提高预防能力。总之，培训创新，就是培训方法、手段和内容创新，使之符合安全发展、科学发展的需要。

2. 考核创新

检验岗位练兵的成效不能沿袭以往的方法，在分配上不能搞大锅饭、平均主义。为了突出工作的实效性，必须将技能与劳动成果融为一体，在考核上实行理论考核、实际操作和工作表现相结合的方法，即理论考核占30%，实际操作占40%，工作表现占30%，从而弥补技能高而工作表现一般的不足。岗位练兵要和班组成员的切身利益挂钩，严格考核，既强化民主管理力度，又要坚持多劳多得的政策，促进岗位练兵的良性发展。所谓考核创新，是指重实际操作，重工作表现，重理论知识。换句话说，岗位练兵考核非常重要，刺激班组成员提高生产技能和业务水平，班组整体素质上台阶，大大地提高生产力水平。

3. 岗位创新

岗位是直接或间接生产产品的。每个岗位工的素质，又决定产品的数量和质量。岗位练兵，主要是提高岗位工的技能和驾驭先进技术的能力，以便承揽企业下达的各项生产任务。岗位创新，大体包括四个方面：一是立足本岗，建功立业。人人争当技术能手，安全标兵，形成浓厚学习氛围，在岗位上立新功。二是变墨守成规为岗位创新，提合理化建议，小改小革，提高生产效率。三是注重细节，亮出绝活。大凡技术能手或技术状元，都在细节上下工夫，不断总结经验，创造新的方法、新的科学技术和新的管理方法，像许振超那样，有自己的绝活、绝招，跻身于世界先进水平。四是由单纯操作岗位向管理岗位倾斜。为了突出岗位技能的含金量，注重培养复合型人才，一专多能，对技术状元（能手）实行高奖励。企业的竞争，说到底是人才的竞争。

三、案例细说

继电能手许海峰

2005 年，许海峰从山东大学毕业进入修试工区，从事继电保护工作，师从浙江省继电保护专家、高级技师、高级工程师胡雪平。

“继电保护没有捷径，唯有一步一个脚印。”师傅的谆谆教诲，成为许海峰日后前进的动力。每次公司集训，他都七点起床，凌晨一点休息。他不怕脏，不怕累，争取每一次可以去变电现场的机会。他不计较个人得失，眼前利益看似缺失，其实他从中得到了更多。他参与变电所大修和安装，就是新手快速成长的极有效途径，快速地掌握整个变电所的二次回路，对保护装置的原理及校验了然于心。

110 kV“城山变”组织安装，刚参加工作一年的许海峰主动请缨，自告奋勇地要求去安装工地。可工地现场的条件很差，所有的工作都是在露天完成，连换衣吃饭的地方都没有。他没有在意这些，而是跟着老师傅熟悉每一块屏的功能，每一根电缆的走向，每一个标号的含义，一张详尽的变电站网络图开始在脑海中形成，单一装置的碎片拼成了完整的画面。

修试工区成立以操作和消缺为主要任务的操作消缺班，许海峰又将其视为一个新机遇，经过系统培训考试，他获得这一岗位资格。2006 年 6 月，110 kV 昌安变电所发现缺陷：VQC 改造后投产发现主变有载调压机构 10 挡以上无法正确显示，在半年时间里，多人前去处理都铩羽而归。在现场设备陈旧、图纸不详细的情况下，许海峰在现场自己画图纸，复原整个二次回路，确认回路的正确性，最终发现问题出在二极管的工作电源上，原来是改造后的挡位输入板极性和二极管极性相同，二极管始终处于反向闭锁状态。找到了问题，工区马上联系厂家，生产新的板件，VQC 终于投产运行。

以许海峰为代表的“导师带徒”模式的扎实开展，使该局修试工区在各类竞赛中成绩突飞猛进。青工王志亮在 2011 年浙江省电力公司普考中获得第一名，青工邱建锋在 2010 年浙江省电力公司普考中获得第四名，这两名年轻骨干还在修试工区的公开招聘中脱颖而出，成为该工区最年轻的班组长；周戴明、裴军、王银龙、赵淑敏、闫景信等许多青年员工都逐渐成为了工区的骨干力量，获得了工程师、技师等技术等级和技能职称。

如今，这位年轻人又走上了修试工区生技科副科长的岗位，负责整个工区生产计划的编制和下达。这是一个全新的岗位，需要全面掌握整个生产环节，熟悉工区人员配备。年轻无极限，在他身上体现出了“努力超越、追求卓越”的企业精神。

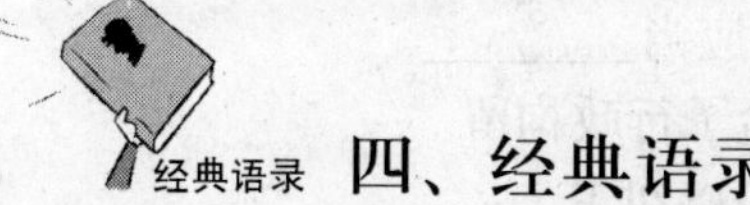

四、经典语录

（1）年关节日到，思想别溜号。精力要集中，当好安全哨。

（2）天天有安全检查，处处有安全标志；事事有安全规范，人人有安全职责。

（3）奶奶奶奶你快瞅，爸爸他又要喝酒。班前喝酒不安全，我把酒瓶给抢走。

（4）安全好不好，关键在领导。

（5）班前讲安全，大脑多根弦；班中查隐患，工作保平安。

（6）班后比比看，人人不违犯；回家想安全，警钟声不断。

五、安全知识测试

1. 测试题

（1）安全生产监督管理的方式多种多样，综合来说，大体可以分为________3种。

A. 事前　B. 一般监察　C. 事中　D. 事后　E. 技术监察

（2）安全监督管理的基本原则主要包括：坚持有法必依、执法必严、违法必究；坚持行为监察与技术监察相结合；________。

A. 坚持以事实为依据，以法律为准绳

B. 坚持预防为主

C. 坚持中介服务与行政监察相结合

D. 坚持监察与服务相结合

E. 坚持教育与惩罚相结合

（3）目前，我国煤矿安全监察实行垂直管理、分级监察的管理体制。煤矿安全监察体制的特点为________。

A. 实行垂直管理　B. 监察和管理分开

C. 分区监察　D. 地方政府监察

E. 国家监察

（4）煤矿安全监察方式有________。

A. 日常监察　B. 重点监察

C. 一般监察　D. 专项监察

E. 定期监察

（5）安全生产监督管理部门在生产经营单位现场检查时，发现现场作业人员有未按照要求佩戴、使用劳动防护用品的情况，应当________。

A. 责令立即排除　　B. 依法给予行政拘留

C. 责令停止生产作业　　D. 当场予以纠正

（6）安全生产监督管理的基本特征是权威性、强制性和________。

A. 普遍适用性　　B. 普遍约束性

C. 持续改进性　　D. 社会规范性

2. 答案

（1）ACD　（2）ABDE　（3）ABCE　（4）ABDE　（5）D　（6）B

第九章

敢揭疮疤不护短

一、相关漫画

好大一块“疤”

二、敢揭疮疤精讲

（一）敢揭疮疤不怕疼

1. 无处藏身

安全隐患因违章而生。安全隐患并不安分守己，时不时冒出来，制造祸端，唯恐被发现、被消灭。安全隐患又常常像变色龙一样，迷惑那些马大哈，时而采取“障眼法”，躲藏起来；时而伪装起来，鱼龙混杂。随着法律法规教育的深入人心，人们的安全意识不断提高，警惕性有所加强，安全隐患则成了众矢之的，对安全隐患敢于出手，敢于围剿，这成了人们的共识。倘若放纵安全隐患，等于放虎归山，时刻威胁着我们的生命安全。那么，安全隐患存在于哪里？远在天边，近在眼前，睁大眼睛，四处搜寻，原来就在作业的场所。然而，安全隐患又善于伪装，稍不注意，分不清哪是隐患哪是安全，甚至为虎作伥，搅得四邻不安，继而发生这样或那样的事故，造成不应有的损失。应该做到让安全隐患无处藏身，班组不但有兼职安全员，还有几个或十几个工人，以临战状态，睁大眼睛，警钟长鸣，让其没有藏身之处。这是班组的责任，也是更好地保护自己。

2. 养虎遗患

养虎遗患是个成语，比喻纵容敌人，留下后患，自己反受其害。安全隐患应该是我们不共戴天的敌人，不能对其宽恕、怜悯，更不能做东郭先生。人和人不一样，有的不接受教训，明知是安全隐患，却视而不见，不理不睬，没当回事，直至酿成了伤亡事故，才如梦方醒，悔之晚矣。有的良莠不分，不知哪是安全隐患，致使其逍遥法外。还有的把“误操作”当成良好习惯，充当安全隐患保护伞。因此，要学会分辨安全隐患，应做到以下几点：一是什么是安全隐患，有何特点？危害是什么？二是怎样消除安全隐患？不是说在嘴上，而是制定具体措施和办法。三是安全隐患的反复性，决定反违章的长期性和艰巨性。四是应把安全隐患作为众矢之的，绝不能姑息迁就，更不能养虎遗患。

3. 过街老鼠

对安全隐患，要形成“过街老鼠，人人喊打”的态势，否则，说是说，做是做，隔靴搔痒——不解决实际问题。到底怎样治理安全隐患呢？通常的方法有以下几种：一是前车之鉴法。用事故案例做反面教材，促使班组成员接受经验教训，避免重演类似的事故，真正做到安全生产。二是相互提醒法。发现班组成员违章，予以提醒，并纠正其行为，别碰伤砸脚，甚至是伤亡。三是揭短亮丑法。

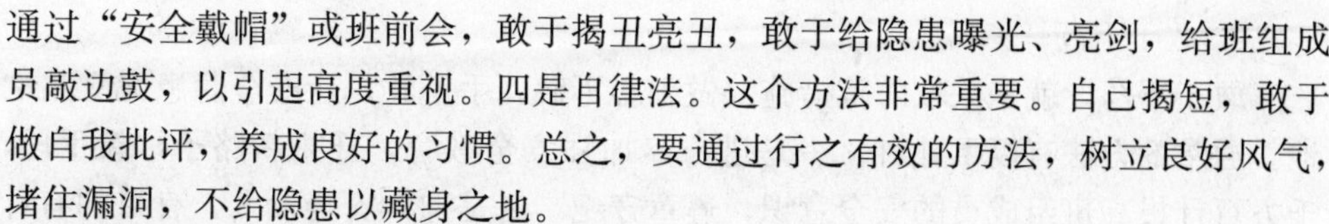

通过“安全戴帽”或班前会，敢于揭丑亮丑，敢于给隐患曝光、亮剑，给班组成员敲边鼓，以引起高度重视。四是自律法。这个方法非常重要。自己揭短，敢于做自我批评，养成良好的习惯。总之，要通过行之有效的方法，树立良好风气，堵住漏洞，不给隐患以藏身之地。

4. 敢揭疮疤

实际上，班组中存在哪些安全隐患，班组成员心里明镜似的。敢不敢揭疮疤，并不是件容易的事情。为什么不敢揭疮疤呢？主要存在以下原因：一是麻木不仁。根本没把安全隐患当回事，一旦安全员指出来了，才知道问题的严重性。二是得过且过。只要是没发生事故，仍沿袭以往的做法，当一天和尚撞一天钟。三是随意性。把规章制度甩到一边，咋省事咋干，不管不顾，根本不考虑后果。四是侥幸心理。撑死胆大的，饿死胆小的，放松警惕，总认为不会出事。以上的想法和做法，既不利于揭短，又不利于安全生产。要做到敢于揭短，必须有勇气，有气魄，敢于解剖自己。这是一种境界，一种精神。只有这样，才能敢揭疮疤，把安全隐患暴露于阳光之下。

（二）对症下药手不软

1. 人人担责

安全隐患时刻威胁班组成员的生命安全。怎样避免安全隐患发生，那就要严肃劳动纪律，严格规章制度，人人遵章守纪，不给安全隐患留任何余地。必须使班组成员明白，安全是大家的事，谁违章了，谁就有可能制造安全隐患。比如，掘进工作面放完炮后，炮烟未散尽，有人为抢进度，就冲了进去，连敲帮问顶都没做，结果被浮石给砸住了。假如有人加以制止或阻拦，这起事故或许就不会发生。班组好比一台机器，有一个零部件发生故障，整个机器就不转了。有一个人违章，也会影响或制约班组安全，这个道理不必赘述。如果人人都负起责任，以身作则，发现违章现象敢于制止，发现隐患敢于揭露，那么班组就会有条不紊地进行安全生产，不会有任何事故发生。

2. 分兵把口

班组长是班组安全第一责任人，班组成员也要承担责任。每个成员都是岗位上的哨兵，是否坚持岗位责任制，关系到整个班组的人身安全。分兵把口有以下几层含义：一是立足本岗，严把安全关，不出任何差错，做到安全生产。二是火眼金睛，发现隐患，及时处理。三是练好基本功，抠住细节，工作做得好上加好。四是敢于创新，开拓进取。在安全管理上创新，在规章制度执行上创新，杜绝安全隐患的发生。五是坚持岗位责任制。尽职尽责，尽心尽力。工作高标准，质量无差错，安全有保障。分兵把口，说到底，就是守住哨位，守住动作，不出差错，有应对突发事件的能力。

3. 敢于下药

敢于下药，就是采取防范措施，做到心不慈，手不软，让安全隐患无立足之地。通常的方法有以下几种：一是进一步加强安全教育，开拓新路子，新手段，千方百计提高班组成员的安全意识，遵章守纪。二是加大安全投入，有目的有计划地加以治理，尤其是威胁人的生命和国家和集体财产的重大隐患。三是对屡教不改违章者，采取办学习班或调换岗位或辞退的办法，别让一条鱼搅一锅腥。四是加大处罚力度，不光是罚款，而且还要找出事故原因，从源头上杜绝违章现象。五是赏罚分明，在分配上向安全好的班组成员倾斜，处罚违章者。

4. 蛇打七寸

应该说，安全隐患制约了企业班组的发展和进步，重大隐患又会导致重大人身伤亡或重大经济损失。必须在思想上给予相当的重视，加强安全控制管理，避免重大安全事故发生。治理重大安全隐患大体上有以下措施：一是认清危害。重大安全隐患是什么？有何危害性？怎样加以治理？一般由省市县安监局予以督察或挂牌处理。二是资金投入，做到专款专用。没有资金做保证，治理重大安全隐患是一句空话。三是治理创新，从根本上消除重大安全隐患。比如，瓦斯是煤矿重大安全隐患，通常采取“先抽后采”的方法，降低煤层中瓦斯的含量，同时又有强有力的预防措施，不至于发生煤与瓦斯突出和瓦斯爆炸。所谓蛇打七寸，是指抓住要害，抓住重点，不给隐患以喘息的机会。

（三）防范措施不可无

1. 堵塞漏洞

在安全生产上，要未雨绸缪，不要亡羊补牢；在行动上，别在揭“疮疤”上打转转，而在堵塞漏洞上做文章。具体做法有以下几个方面：一是养成良好习惯，按照规程做，不出差错。二是堵塞漏洞，别叫安全隐患钻空子，水未到，先垒坝。三是做好自己，遵章守纪，别走捷径，别光顾图快，别偷工减料。四是采用新技术、新设备、新工艺时，操作工应按作业规程施工，别搞想当然，别犯经验主义，别不懂装懂。五是别犯低级错误，不怕难活险活，就怕小河沟翻船，发生了不该发生的事故。我们说，堵塞漏洞，主要是抓好预防，做好防范，一丝不苟，把安全工作做到家。

2. 抓住细节

关于细节管理，在本书第六章有详细论述，这里不再赘述。在此从以下方面提个醒：第一，怎样抓住细节？其实并不难，细节就在自己的工作岗位，就在自己所要做的事情上。比如，井下放炮员，如何避免短炮线放炮，这件事很容易做到，就是不搞想当然，按作业规程去做，细上加细，不给安全隐患可乘之机。第二，规章制度里有细节。再说短炮线放炮问题，那是规章制度所不允许的。那

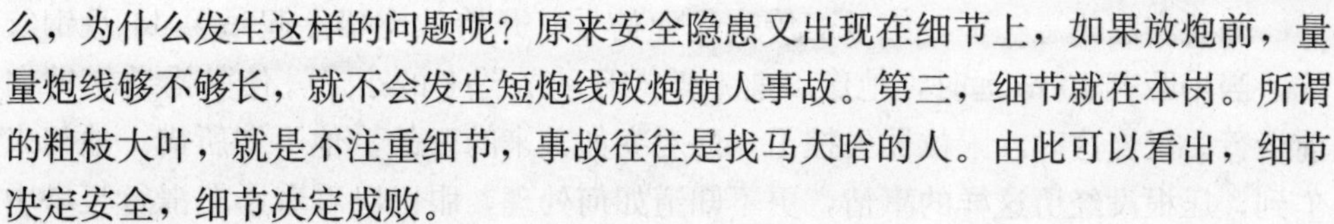

么，为什么发生这样的问题呢？原来安全隐患又出现在细节上，如果放炮前，量量炮线够不够长，就不会发生短炮线放炮崩人事故。第三，细节就在本岗。所谓的粗枝大叶，就是不注重细节，事故往往是找马大哈的人。由此可以看出，细节决定安全，细节决定成败。

3. 天罗地网

稍不注意，安全隐患就会发生。实际上，安全隐患并不可怕，可怕的是工作中疏忽大意，放纵违章。那么怎样布下天罗地网，杜绝滋生安全隐患的土壤呢？大体有三个方面：一是扎牢安全意识的篱笆，思想是先导，是总开关，是事故之源。加强安全意识教育，警钟长鸣，这是第一位的。二是加强规章制度建设，避免安全事故发生。事实证明，懈怠规章制度，就等于纵容安全事故。如果说企业现代化，倒不如说规章制度严格化。三是加强防范。这一条非常重要，没有防范就不能应对安全隐患，更不能应对突发变故。只有布下天罗地网，不让安全隐患逞凶，才能创造安全生产的环境。

4. 措施缜密

安全隐患走无声，行无踪，随时都可能发生。违章不杜绝，安全隐患必然兴风作浪。为了防止事故发生，必须有抵御安全隐患的具体措施。然而，有的措施并不能阻止安全事故的发生。其中的原因有以下方面：一是措施不缜密，导致不顶用，好比吃药一样，未能对症下药，根本不起作用。二是措施不科学，甚至有疏漏的地方。三是没有行之有效的措施。比如，井下瓦斯算是个“癌症”，如果不从根本上加以治理，那只能是说说而已。

三、案例细说

塔吊断臂警示录

在某特大桥2＃墩施工工地，塔吊如巨人般高耸入云，塔臂来回运转，吊着重物，时而向左，时而向右，好不气派。司机张晨（化名）是新招进来的，没经过安全教育和系统培训，技术很生疏，加上对有关规程不甚了解，能否胜任这项工作，连他心里都没底。

某天，张晨攀上了塔吊，坐在驾驶舱里，准备将预压在0＃预制梁支架上的钢绞线吊至地面。他听从信号工的指挥，将塔臂提升到30 m高。按规定，在2＃墩0＃预制梁支架上有两个人，一个负责挂钩，一个打信号。地面两个人负责摘钩及打信号。一切准备就绪。他先是张望了一下，支架上的人将钢绞线挂上钩，信号工传来了信号，将钢绞线吊了起来，按要求送到了地面。接着他又吊运了10盘钢绞线，都没有出差错。

张晨本想休息一下，信号工传来作业信号，开始从支架上起吊第 11 盘钢绞线。当吊距有 10 m 远时，他像以前一样，开动塔臂上的小车，使其沿着塔臂向前滑行。正当这时，限位器失控了，面对突如其来的变故，他不知所措。他初来乍到，压根没经历这样的事情，更不知道如何处理，眼巴巴看着小车滑行至塔中心距离 15 m 塔臂处，塔臂突然从小车所处位置折断了，小车与钢绞线坠落地面。经测量，小车坠落中心与塔身中心距离为 15 m，钢绞线坠落点中心与塔身中心距离为 16.8 m。所幸该事故没有造成人员伤亡。

是什么原因造成塔吊断臂？通过实地勘察，得出结论：其一，设备安全保障措施失效，变幅限位功能不能正常发挥作用，当起吊小车滑行出允许吊距时，不能报警并自动中止滑行动作，是事故发生的直接原因。其二，司机是个新手，没有经过系统安全教育和技术培训，对有关操作规程不甚了解，就匆忙上岗作业，在未核实真实重量情况下盲目滑行起重小车，属于严重违章。其三，信号工听之任之，未制止司机的违章行为，也是事故的原因之一。其四，现场架子队调度员对危险起吊作业，未督促作业队按规程起吊，对违反起吊未进行制止。

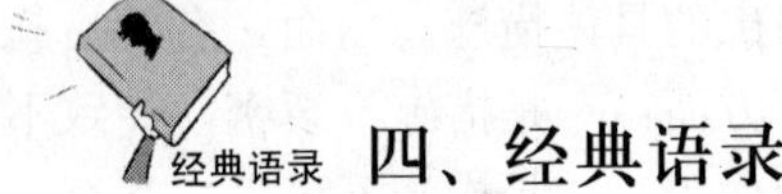

四、经典语录

（1）马里马虎，事故常出；愣头愣脑，常碰手脚。

（2）执行防尘令，不得矽肺病。

（3）安全三件宝，一样不可少：戴好安全帽，不怕砖头掉；挂牢安全网，作业心不慌；挂上安全带，掉下摔不坏。

（4）治本要抓好，安全才可靠；培训搞不好，素质难提高。

（5）安全要自保，制约最重要；质量抓不好，安全就难保。

（6）违章不在乎，早晚出事故；规程不兑现，事故早晚见。

安全小故事

五、安全小故事

水罐上动火酿悲剧

某化工厂准备在 3 号储罐的顶部焊个围栏，电焊工大个子和小个子接受了制作任务。他俩觉得这活儿太简单了，焊工都会干。先是备材料，再把钢管、角铁等运到罐顶。一切准备妥当。大个子戴上了焊帽，刚要打着火，突然放下了焊枪，看了一眼储罐，脸上顿时产生疑虑。给他打下手的小个子见状，不以为然地说：“师傅，罐内储存的是清洗回收水，在水罐上动火，领导都没交代有什么危险。”言外之意，放心大胆地作业吧。大个子手持焊枪，还是没有打火。小个子有点看不惯，对大个子说：“师傅，你的胆比老鼠还小?”大个子瞪了他一眼，没有吱声，又嗅了嗅。但他哪里知道，储罐内的水清洗过 EVA（乙烯-醋酸乙烯共聚物）后，会含有少量可燃气体——醋酸乙烯，当时集聚储罐顶部的醋酸乙烯与空气混合浓度已达到界限，一动火会立即发生爆炸的。

大个子还是有点放心不下，小个子看了看手腕上的手表，很不悦地说：“都过了半个钟头，再不干，该挨领导屁股板子了。”大个子犯了难，唯恐出事。小个子是急性子，有些烦躁不安，拉着长声说：“你若不干，我可干了。”说着，要抢焊枪。大个子攥着焊枪不撒手。而后，又瞪了他一眼。大个子举头看看天，又想到在接受任务时，领导没交代这活儿有什么问题，难道是他多虑了。他拿起焊枪，刚打着火，只听“轰隆”一声，大个子和小个子被炸飞了。

有谁能想到，在水罐上作业竟能发生这样的事故？原来是有关领导不进行检测罐顶空气，又没有采取措施，竟然盲目动火作业，这是严重违章酿成的悲剧。

第十章

磨刀不误砍柴工

一、相关漫画

出来混是要讲创新的

二、磨刀砍柴精讲

（一）妙在何处

1. 家什在妙

磨刀不误砍柴工，是指刀在很钝的情况下，会严重影响砍柴的速度与效率，但如果砍柴前费一些时间把刀磨锋利，砍柴的速度与效率就会大大提高，砍同样的柴反而用时比钝刀要少。为什么家什要妙呢？那是因为，家什是生产工具，离开它，玩不转，很难完成生产任务。家什要妙，妙就妙在神奇上，设备的精良上，事半功倍多出活，效率高。怎样做到一个“妙”字？大体有三个方面：一是有掌握使用家什的能力。摸透其脾气秉性，驯服它，制约它，不能让它左右你，而是你牵着它的鼻子，让它规规矩矩，不要脾气。二是熟悉家什的性能，学会修理和保养，完好率达95%以上。三是结合生产实际，大胆改革家什（设备），为我所用。

2. 巧能生妙

“巧”不是天生的，而是通过生产实践，勤学苦练，不断摸索，练就一身硬功，手中的工具，就会变得神奇了。大家常说，苦干实干加巧干。没有苦干和实干，当然也不会有巧干。所谓巧干，不是硬碰硬，更不是蛮干、盲干和瞎干，而是掌握其规律性，付出的代价要小，获得的收效要大。班组中藏有很多能工巧匠，技术能手，要善于挖掘，创造条件，给他们施展才干的机会。细究其成长过程，均离不开苦干实干加巧干，在某个领域或某个岗位才有所建树，名扬中外。比如，许振超、白国周等全国先进模范人物，他们并不是圣人，都是从本岗工作做起，从一招一式练起，在失败中总结教训，勇于开拓，熟能生巧，非但有绝招，而且有绝活，承担起急难险重的任务，为企业争名誉，为国家作贡献。

3. 妙手回春

生产的过程，实际就是个“认识—实践—再认识”过程。由于生产设备更新换代，生产力水平提高，新技术应运而生，新工艺不期而至，大有满园春色关不住之感。然而，要掌握和驾驭新技术、新工艺和新设备，并非那么简单，那么顺风顺水，没有金刚钻，揽不了瓷器活。企业需要能工巧匠，班组需要这样的高手，能排除生产中遇到的各种困难，达到新高度。我们说妙手回春，关键是个“妙”字，有神奇的功效，解决各种疑难杂症。比如，某轮胎企业引进英国全钢载重子午线轮胎，其中有一台设备（没有备用的）被称为“独眼龙”，三天两头要熊，少说停产个8 h，多则两三天，别说领导无奈，连总工都束手无策。但车间有个技术工人，却成了这台设备的克星。他手到病除，妙手回春。诀窍从何而来，是他多次参与检修，摸索其规律，驾驭和掌握它，由此，他成了技术大拿。

(二)“磨刀”方略

1. 磨穿铁砚

任何人的成功，都需要有相当大的付出，甚至流血流汗。神舟九号与天宫一号手控交会对接成功完成，这意味着我国完整掌握空间交会对接技术，具备了建设空间站的基本能力。担当此任的航天员刘旺，在平时的训练中，经过上千次的试验，掌握了一套过硬的本领。他的经验告诉我们，要想成为技术高手，必须有磨穿铁砚精神，经过痛苦的磨炼，甚至是失败，练就一套硬功。然而，安全隐患就是欺软怕硬，如果我们没有一套克敌制胜的本领，很难叫安全隐患就范。所以说，磨刀并不是件容易的事情，大体需要三种精神：一是老黄牛精神。不知疲倦，不怕困难，勇往直前。二是水滴石穿精神。明知山有虎，偏向虎山行。不打退堂鼓，不怕失败，总结经验教训，永不言败。三是勇于开拓精神。不能墨守成规，敢于登攀，更新观念，勇于创新，开拓进取。

2. 小改小革

时代在发展，科学在进步。生产工具远远满足不了生产发展的需要，有的年久失修，有的生产效率低，有的要熊不干活儿，怎么办？购买新型生产工具，企业又没计划，生产不能停，机器要照常转。必须对原有生产工具进行技术改造。历史实践证明，小改小革办法好，能吸引众多工人参与。他们在生产一线，知道怎样改，才会出效率；怎样改，又易驾驭。小改小革是工人的阶级的光荣传统，一是企业应出台政策，对小改小革予以扶持与鼓励。二是班组列出小改小革项目，全班人员参与，并给予资金和时间的支持。三是像奖励先进生产者那样奖励小改小革突出贡献者。四是把小改小革列入班组技术管理内容。五是小改小革创造的经济效益，班组和个人应享受其成果，形成人人钻研技术，个个做小改小革模范。

3. 引进技术

科学技术是生产力，但关键是如何把“口头禅”变为实际行动。有些企业工艺落后，生产工具老化，特别是小作坊、小企业，仍使用旧设备、旧工艺，劳动强度大，生产效率低。要改变落后生产面貌，必须引进先进生产技术、先进设备、先进工艺，其目的是减轻劳动强度，提高生产效率，创造更高的经济效益。以煤矿为例，一般生产煤炭，都是采用炮采或炮掘，即打眼放炮，如今发生了天翻地覆的变化，鸟枪换炮，掘进使上掘进机，采煤用上采煤机，不但劳动效率高，而且安全系数高，百万吨死亡率一降再降，甚至是零死亡，给矿工带来了福祉。应该说，引进先进生产技术，关系到班组的切身利益，加大了保护自己的系

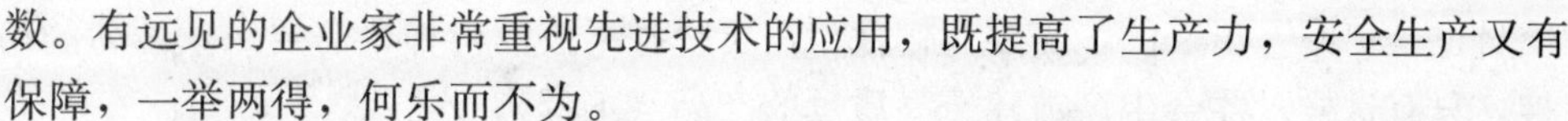

数。有远见的企业家非常重视先进技术的应用，既提高了生产力，安全生产又有保障，一举两得，何乐而不为。

4. 技术培训

企业班组不但拥有先进的生产工具，而且还要有掌握和驾驭先进生产工具的人。除了组员之间互帮互学取长补短外，更重要的是抓好技术培训。企业不但要重视安全培训，更要加大技术培训力度。有条件的企业，应抓好技术教育，予以人力、物力、财力支持，把班组技术培训纳入职工教育计划。通常的办法有以下几种：一是脱产培训，针对新技术、新工艺，进行专门培训。时间可长可短，达到应知应会。二是培训对象不光是班组长，还应有组员，以提高他们的技术水平。三是业余培训，开办夜校，聘请有关专家及能工巧匠担任老师，提高组员理论水平。四是班组内部培训，由班长或技术能手担任老师，以解决生产中遇到的技术难题。五是技术知识竞赛，通过短信或电子邮件，发送竞赛内容，使组员获得技术知识。

（三）磨刀与安全关系

1. 磨出技术

所谓“磨”出技术，是指实践出真知。砍刀靠磨，才能锋快。娴熟的技术，靠熟能生巧，方能生产优质产品。总之，我们的工作离不开“磨”字。怎样才能“磨”出技术能手和能工巧匠来，大体有以下措施：一是“磨”科学理论，找到解决疑难技术问题的钥匙。班组的小改小革，并不是凭空臆想的，需要有科学理论做指导，否则，会走弯路的，必须夯实理论基础。比如，桥吊大王许振超，他不但有文化，有实践，而且拥有深厚的科学理论。二是“磨”技术。要想提高效率，必须要掌握一定的生产技术，打铁须得本身硬。意思说，技术过硬，不是说出来的，而是干出来的，尤其是优质产品，需要付出艰辛和汗水。三是“磨”出高超技艺。有些能工巧匠，并不是天生的，而是后天的，立足本岗，勤学苦练，“磨”出绝活，磨出战胜一切困难的看家本领。

2. 磨出质量

质量是企业的命根子，没有质量，就没有信誉，就没有经济效益，企业就不能立于不败之地。个别产品（工程）质量屡出问题，不是桥塌了，就是楼房趴架了，都是质量惹的祸，要引起我们高度重视。细究其因，大体有以下问题：一是操作工技术素质太差，胜任不了本职工作，所生产的产品必然是次品。二是不求上进，技术不够熟练，时而出错，很难出精品。三是技术水平有限，很难承担急、难、险、重任务。四是没有技术高手，带不出过硬队伍。所谓过硬，除了思想品质过硬外，更重要的是有过硬的技术。五是精湛的技术不是一朝一夕练出来的，而像铁杵成针一样，日积月累，长期地磨砺，才能掌握高超的技艺。总之，质量也是“磨”出来的，需要有韧性，需要坚忍不拔的精神，需要一丝不苟的精神，只有这样，才会生产或建造高质量的产品（工程）。

3. 磨出安全

安全从何而来？不是说出来的，而是“磨”出来的。所谓“磨”出安全，是指质量与安全是孪生兄弟。质量不好，安全肯定出问题。历史经验告诉我们，精心施工，精益求精，才能远离安全事故。往往我们忽视产品质量而去抓安全，没有抓到正地方，没有抓到根本。有些安全事故，是因为质量问题而酿成。比如，大桥坍塌事故，从根上追查，是桥梁质量出了问题，桥毁人亡，在所难免。再如，盖楼偷工减料，质量不过关，酿成大楼坍塌事故。由此可见，质量相当重要，抓住了产品（工程）质量，就等于抓住了要害，抓住了安全。所谓“磨”出安全，真正用意就在于此。

4. 磨出科学

质量与安全的关系，人人皆知。安全源于质量，质量影响或制约安全。百年大计，安全第一。细细考虑，有相当多的安全事故都是因工程质量太差，留下安全隐患，埋下祸根。从质量要安全，就是要优质品。而优质品又与组员的技术水平密不可分。我们在考核班组业绩时，不要忽略产品质量。可以这样说，没有质量就没有安全。那么，我们怎样从质量要安全呢？通常的办法包括以下方面：一是产品（工程）质量应作为安全的重要考核内容。二是产品质量应作为业绩的考核内容。三是产品（工程）质量应作为生产任务的考核内容。但万变不离其宗，从技术上抓起，打造能工巧匠，才能生产优质产品（工程）。从质量上要安全，从科学技术上要安全，这是通往安全的必由之路。

三、案例细说

“赵氏塔基”故事

很难相信，发明“赵氏塔基”的是个泥瓦匠，他是北京昌平人，叫赵正义。

赵正义做瓦工时，就爱钻研，创造了室内抹灰护角制作的新工具和新工艺，被收入《砖瓦抹灰工实用技术》和《建筑施工手册》。1997 年，赵正义所在的建筑公司要淘汰落后的轨道式塔机，准备引进最新的固定式塔机。在市场考察中，他发现国内外固定式塔机虽然型号、性能千差万别，但有一点相同，它们采用的底座——塔基无一例外都是整体现浇混凝土基础，无法重复利用。也就是说，施工结束后，轻则二三十吨，重则一二百吨的塔基就被留在地下，既造成严重的环境污染，又成为地下管线的障碍物。即使爆破清运出去，也是不可重复利用的混凝土垃圾。

赵正义算过一笔账，整体现浇混凝土塔基的平均使用寿命不足半年，而已知的混凝土寿命在100年以上，资源利用率不足1%。50年塔基投入的成本相当于塔机售价的五六倍。他把这个叫做“买得起马，配不起鞍”。改变这种传统塔基是世界性难题，连发明这种塔机的外国专家都解决不了，这是他向50多个国内塔机厂家技术部门咨询得到的答案。让人意想不到的是，赵正义仅用了3个多月时间，就设计生产出了第一套由13件混凝土预制构件装配组合的塔机基础。在新型塔基初期使用过程中，赵正义指定专人每天定时对塔式起重机进行观测。6个星期过去了，楼已盖到第四层封顶，塔式起重机使用正常。这个独出心裁的创新，一举突破了周期移动使用机械整体浇筑混凝土基础的传统技术，世界上第一套桅杆式机械设备组合基础——“赵氏塔基”的第一代产品诞生了。

赵正义将“赵氏塔基”升级换代9次，已申报102项专利，其中有49项发明专利。这期间，10位数的计算器用坏了11个，报废了3台计算机、4台复印机，用掉的复印纸、图纸达4吨多。目前“赵氏塔基”已经升级为第九代技术，在基础占地面积、混凝土构造体积、地基承载力条件、安装和拆解时间、制作成本和使用成本、综合经济效益和社会效益六个方面综合指标，都达到世界独有的最先进水平。在国内，已经推广应用到22个省、市、自治区的53个地区。这一发明使塔机基础变成了预制构件组合的、可移动、可重复使用的新式基座，彻底破解了传统沿用的整体现浇混凝土塔机基础浪费资源、污染环境的世界性难题。

两院院士、“两弹一星”元勋王大珩对赵正义给予了这样的评价：“赵正义的自主创新业绩，生动地体现了我国亿万劳动者的创造力。”2012年2月14日，2011年度国家科学技术奖励大会上“赵氏塔基”——塔桅式机械设备预制混凝土基础项目，荣获国家科技进步二等奖。

四、安全谜语

1. 谜语

（1）居安思危，于治忧乱（四字成语）

（2）有痛不敢启齿（一词）

（3）烽火台上起狼烟（消防用语）

（4）服用上清丸（术语）

（5）更生不借外力（救护用语）

（6）巧妇当家，人民做主（劳动保护两字）

（7）过马路走人行道（劳动保护用具）

（8）不按曲谱弹琴（词语）

2. 答案

(1) 防患未然　(2) 隐患　(3) 警报　(4) 灭火
(5) 自救　(6) 安全　(7) 安全带　(8) 违章操作

五、经典语录

(1) 入海之前要探风，上岗之前先练功。
(2) 你对违章讲人情，事故对你不留情。
(3) 事故教训是镜子，安全经验是明灯。
(4) 质量是安全基础，安全为生产前提。
(5) 麻痹导致终生憾，违章铸成千古错。
(6) 事故皆因违章出，安全伴随守法行。
(7) 宝剑锋从磨砺出，安全好从严中来。
(8) 生命至高无上，安全责任为天。
(9) 水火无情防为先，违章招祸后悔迟。
(10) 万次注意一次差，事故就会把你抓。

第十一章

针鼻小事不放过

一、相关漫画

后果很严重……

二、针鼻小事精讲

（一）淡看针鼻小事

1. 不当回事

往往人们看淡针鼻小事，以为小河沟翻不了船，不会影响大局，根本没把它当回事。抱有这种想法的人长此以往养成了懒惰的习惯。即使看到那些鸡毛蒜皮的小事，常常是睁只眼，闭只眼。直至有一天，才知道小事并不小。为何不把小事当事呢？大体上有以下原因：一是思想问题。有些人看重大事，忽视小事。甚至忘记“针鼻大的洞，斗大的风”俗训。二是习惯问题。比如，有人丢东落西，看似小事，一旦养成习惯，势必坏了大事。如外科医生把手术刀落在患者腹内，检修工把螺丝刀、钳子丢在机器内。三是缺乏约束。有些人不注重小节，如乱扔烟头引起火灾。事实上，那些有成就的人，都是从小事做起，非常在意小事。凡淡看小事者，很难做成大事。这个道理似乎人人明白，但却没当回事，令人反思。

2. 不碍生产

光顾抓大事，忽视小事，结果顾此失彼，因小失大，事倍功半。实际上，生产经营中的小事，正是班组的大事；蔑视平凡小事，正是坏了大事。比如，某轮胎企业，在轮胎硫化时，用错了模具，看似小事，但却铸成了大错，因规格尺寸不对，白白浪费批轮胎，造成不应有的经济损失。再比如机加工，明明图样是虚线，却误为实线，结果生米做成熟饭，白白浪费部件。像这样的小事，并未引起足够的重视。在有些人看来，一些不起眼的小事，却习惯成自然，但后果很可怕也很严重。一是影响企业声誉，因小失大，得不偿失。二是造成不应有的经济损失。三是不利于班组建设。企业既要出产品，又要出人才。十年树木，百年树人。树人正是从小事抓起，从细节做起，夯牢班组基础。

3. 不碍安全

有人说，小事无碍于安全生产。这种说法或做法都是错误的，是助纣为虐。小事无碍安全吗？不是的。有这样几个问题值得重视：一是安全隐患源于小事。那些小动作、小习惯、小做法，恰恰会惹是生非，给生产带来不安全因素，给班组带来了不必要的麻烦。二是小事是安全事故的导火索。大凡事故又都是由小事引起的，事实上，不是不碍安全，而是很不利于安全生产。三是质量优劣源于小事。在生产或施工中，由于违章，出现了纰漏，埋下了“定时炸弹”，甚至是毁了企业，后果极其严重。四是生产的绊脚石。不要小瞧那些小事，一旦兴风作浪，坏了班组的大事，很难保证安全生产。小事是埋在我们身旁的“隐形炸弹”，

时刻威胁班组成员的生命安全。

4. 因小失大

忽视小隐患，必然要付出更大的代价。针鼻大的安全隐患，若是不被人们所重视，往往也会酿出大事故来。比如，煤矿采场瓦斯出现了超限现象，浓度时高时低，跟你捉迷藏，玩太极，煤矿既没有停产，又没采取具体措施，给瓦斯以可乘之机，一旦放松警觉，来个偷袭，不是发生煤与瓦斯突出，就是瓦斯爆炸，发生不该发生的事故。查找原因，大体有以下方面：一是颠倒安全与生产的关系。不是安全第一，而是生产第一。二是没把安全隐患当回事，任其自由发展，直至酿成事故。三是忽略或怂恿萌芽状态的安全隐患，恰恰给安全事故埋下祸根。四是因小失大，顾此失彼，终酿恶果。怎样做到前事不忘，后事之师呢？还是从思想认识上找原因。好多安全事故，都是因小失大，忽视小隐患，大事故重蹈覆辙。

（二）小事因何而生

1. 麻痹大意

有这样一个事故案例，说的是某绞车司机，在操车时，由于精力不集中，打了个盹，结果绞车过卷了，钢丝绳断了，发生了坠罐事故，死伤十余人。在分析这起事故时，找出很多原因，有客观的，也有主观的，归根结底是司机麻痹大意所致。麻痹大意是安全隐患，又是事故之源。有人认为这种说法有些偏颇。如果细数麻痹大意的种种表现，便一清二楚了。麻痹大意常常表现在具体小事上，如随地乱扔烟头、忘关灯、不锁门、丢钥匙、超速开车、闯红灯等，往往就是这些小事，引发这样或那样的事故。再比如说追尾，如果精力集中，保持一定车距，恐怕就不会发生这类事故。然而，有的人却不以为然，不但害了自己，还殃及池鱼。

2. 违章作业

我们所说的天灾，是指地震、海啸、雷击和泥石流等。而人祸绝大多数是人为的，皆因违章而致。如今，违章成了“人类的杀手”。为什么违章屡禁不止？大体上有三个原因：一是不良习惯导致违章，二是散漫作风导致违章，三是管理不严导致违章。再看违章事例，又都是那些不起眼的小事。以煤矿为例，如蹬车、短炮线放炮、不敲帮问顶等，往往事故又跟违章结下了不解之缘。比如敲帮问顶，当班组成员进入掘进工作面，找好吊，先将顶板上的浮石处理掉，再敲帮，防止片帮砸人，举手之劳，就能创造安全的作业环境。反之，易发生冒顶或矸石砸人事故。由此看来，违章成了事故源，又在班组频发，如果班组狠抓安全管理，从我做起，违章现象会大大减少，安全生产会有保证。

3. 无视制度

现代企业能否正常运行，关键是靠规章制度能否贯彻执行。有些安全事故正是不执行规章制度所致，没有规矩不成方圆，尤其是社会大生产，更是如此。人所共知，规章制度是由血的教训凝结而成，规章制度条款，又都是细微之小事，怎样做才没有危险，怎样做又易发生事故，写得清清楚楚，明明白白。有些人心里明镜似的，就是不肯按章办事，不是走捷径，就是别出心裁；不是随心所欲，就是另起炉灶，总之，就是厌烦规章制度。究其原因，是由“三怕”而引起的，即怕费事，不愿遵章守纪；怕耽误时间，老想走捷径；怕完不成任务，不执行规章制度。总之，无视规章制度是非常可怕的。班组成员若都是这样，就成了一盘散沙，丧失了战斗力，很难完成生产任务。

4. 知法犯法

班组成员的素质之一体现在法律法规的执行上。明知是违法违规，有的却顶风上。以煤矿为例，瓦斯监测系统是佛爷的眼珠——动不得，有人却掩耳盗铃，自欺欺人，怕瓦斯超限停产，竟然对其报警装置动手脚，结果是搬起石头砸自己的脚。还有的明知干打炮眼，会吸入粉尘，易得矽肺病，却偏偏这样做，结果是害了自己。仔细分析一下，有些知法犯法的事例，又都表现在细节上、微不足道的小事上。明明知道触犯法律法规，却明知故犯，究其原因，有三个问题要引起注意，一是法律法规条款不能随意篡改。二是法律法规的条款针对性很强又有所指。三是任何违规违法又都体现在具体小事上。所以说，知法犯法，就是拿自己或他人的生命开玩笑，奉劝那些人，千万不能“触电”，更不能以卵击石。

(三) 祸始小事

1. 隐患之根

千里之堤，溃于蚁穴。针鼻大的事，是安全隐患之根。从许多安全事例都能找到答案。比如，继电器触头虚连，当电流通过时还会发热，造成隐患。倘若电工将触头处理得好，就不会发生虚连。仅仅是处理一下，看起来是微不足道，但实质是防微杜渐。再比如，化工厂的管路多如牛毛，在检修阀门时，由于螺纹没拧到位，易漏气体，出现了安全隐患。那么怎样把小事做到位，防微杜渐，并不是件容易的事情。通常的办法如下：一是有高度责任心，尽职尽责，不出任何差错。二是监督检查，严格把关，发现问题，推倒重来，绝不搞下不为例。三是精益求精，工作做到家，尽善尽美，完美无缺。四是拥有更多高手、能工巧匠，既能保证工作质量，又能承揽急、难、险、重任务。别小瞧针鼻小事，做得不好，必然埋下安全隐患。

2. 大祸之源

翻阅重大伤亡事故的案例，不难发现，无论是多大的事故，都离不开针鼻小事。针鼻小事既是安全隐患之根，又是大祸之源。比如，掘进巷道临近透煤，这是个“危险源”，因为煤层聚集大量瓦斯，稍一疏忽，最易引起煤与瓦斯突出。按规定，先打探钻眼，知道距煤层有多远。做到心中有数，采取防范措施。但有

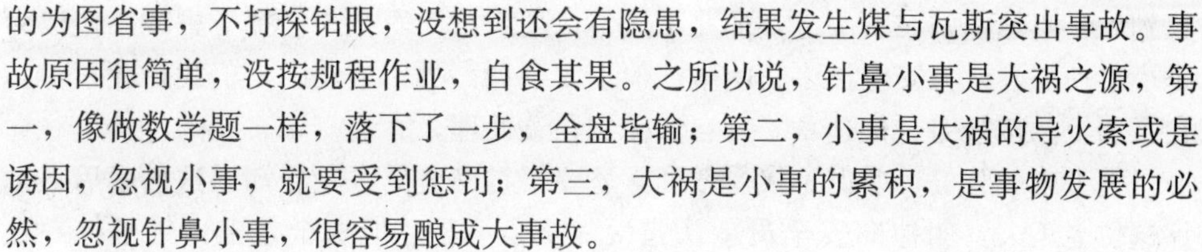

的为图省事，不打探钻眼，没想到还会有隐患，结果发生煤与瓦斯突出事故。事故原因很简单，没按规程作业，自食其果。之所以说，针鼻小事是大祸之源，第一，像做数学题一样，落下了一步，全盘皆输；第二，小事是大祸的导火索或是诱因，忽视小事，就要受到惩罚；第三，大祸是小事的累积，是事物发展的必然，忽视针鼻小事，很容易酿成大事故。

3. 盯着小事

高楼大厦由一砖一瓦垒积而成。安全事故也是由一个隐患一个隐患累积而成的。为什么我们要盯着小事？那是因为，事故发生在班组，又跟组员有着千丝万缕的联系。那么怎样盯住小事？无外乎有这样几个方面：一是自律性。不违章，不违纪，严格遵守规章制度，不给安全隐患留针鼻大缝隙。二是警惕性。别让安全隐患从身边溜掉，时刻保持警觉，警钟长鸣。三是责任心。守住动作，坚守哨位，力求尽善尽美。四是相互监督，纠正违章现象，将安全隐患消灭在萌芽之中。五是班长是安全责任人，约束和纠正组员的不当行为，堵塞漏洞，力求安全标准化。总之，组员要事事留意，管住自己，不要放过针鼻大的事，创造安全作业环境，既要完成任务，又要保护自己。

4. 防患未然

防患于未然，保护自己。衡量班组整体的素质，主要看预防能力。有些班组并未引起高度重视，他们把精力放在多干活多挣钱上，至于如何做到预防为主，综合治理，好像与己无关。其一，学会保护自己。守住动作，遵章守纪，把大事做细，小事做好，不出任何差错。其二，水未到，先垒坝。一旦遇到突发事件，有保护自己的具体措施。其三，对针鼻大的安全隐患手不软，敢碰硬，绝不能叫它从眼皮底下溜走。其四，未雨绸缪、防患未然。要有三性，即前瞻性，站得高，看得远；预见性，预测到可能要发生的事故；彻底性，对针鼻大的安全隐患要彻底消除，不留后患。

三、案例细说

喝凉水塞牙

俗话说，站有站相，坐有坐相。

有个老工人，他不听邪，站着出了工伤。喝凉水都塞牙。果真如此吗？

事情是这样的，这位老工人是大红山矿业的，因转岗，岁数比较大，领导安排他到选煤厂。每天站在矿仓那儿，看着推土机、装载机把矿石推到矿仓去。这个工作太简单了，没有什么危险。但他偏偏站在矿仓边上，站边上就站在边上吧，可他还要站在石头上，那块石头非常不稳当，稍不留神容易栽下去。安全员见到后，叫他别站在石头上，那儿下边是个高坎，不安全，会掉下去的。他以为是小事一桩，认为安全员多管闲事。他不懂事理，听不进劝阻，仍我行我素，站在石头上。按规定，他违章了，自然受到罚款处理。

他上来驴脾气，非但不接受教训，还要报复安全员。领导知道这件事后，批评这位老工人，叫他向安全员承认错误，赔个不是。但这个老工人气不打一处来，以为安全员是多此一举，连站哪儿他都管，真是没事找事。

尽管如此，这位老工人仍在那儿看矿仓。时不时站在那块石头上，看着推土机、装载机推矿石。他感到很轻闲、很自在，不费力就挣到钱了。

谁知有一天，他不小心从坎上摔了下来，锁骨摔折了，应验了安全员说的话。他做梦都想不到会有这个结果。这个故事告诉我们，针鼻小事弄得不好也会出事故的。

安全小故事

四、安全小故事

学做一把钥匙

一把坚实的大锁挂在门上，一根铁杆费了九牛二虎之力，还是无法将它撬开。钥匙来了，它瘦小的身子钻进锁孔，只轻轻一转，大锁就“啪”的一声开了。铁杆奇怪地问：“为什么我费了那么大力气也打不开呢?”钥匙说：“因为我了解它的心。”其实，每个人的心，就像上了锁的门，再粗的铁棒也撬不开。唯有关心，才能把自己变成一把细腻的钥匙，进入别人的心中，了解别人。学着做一把钥匙，去了解别人，去关心别人，无论你走到哪里，都会遇到熟悉的眼睛和绚丽的风景。

扔掉另一只鞋

有一个人搭乘火车，他检票登车后坐在一个靠窗的位置上。火车刚缓缓启动，他不小心把刚买的鞋子弄丢了一只在车窗外。有人大声对他说：“快跳下去捡鞋子。”可是，他非但没有去捡，反而把手中的另一只鞋子扔了出去。人们对他的行动议论纷纷，都说他笨。对于人们的议论，他不以为然，只是以一种淡然平静的口吻说：“在你们看来，或许我真的是笨。但是，我跳下去捡那鞋子，结果有两种可能：一是安然无恙，捡回了那只鞋子，可是却因此误了我的行程；二是有可能在跳下去的时候，我摔断了腿，或者倒在车轮下，成为轮下之鬼。至于我为什么把手中的另一只鞋子也扔了出去，这道理很简单。我总不能两只脚只穿一只鞋走路吧。把它扔下去，别人捡到的就是一双鞋子。”学会“扔鞋”，为自己，也为他人！

五、安全知识测试

1. 测试题

（1）《国务院关于进一步加强企业安全生产工作的通知》（以下简称《通知》）强调，当前，我国安全生产管理坚持的方针是________。

A. 以人为本，安全第一

B. 安全第一，预防为主，综合治理

C. 管生产必须管安全

D. 安全第一，预防为主

（2）《通知》要求，企业凡超能力、超强度、超定员组织生产的，要责令________，并对企业和企业主要负责人依法给予规定上限的经济处罚。

A. 停止违规行为　　B. 停产停工整顿

C. 边整边改　　D. 关闭

（3）《通知》要求，强化生产过程管理的领导责任，企业主要负责人和领导班子成员要轮流现场________。

A. 值班　　B. 带班　　C. 查岗　　D. 作业

（4）《通知》要求，从 2011 年 1 月 1 日起，依照《工伤保险条例》的规定，对因安全生产事故造成的职工死亡，其一次性工亡补助金标准调整为按全国上一年度城镇居民可支配收入的________计算，发放给工亡职工近亲属。

A. 2 倍　　B. 5 倍　　C. 10 倍　　D. 20 倍

（5）《通知》要求，要进一步规范企业生产经营行为。加强对生产现场监督检查，严格查处________的“三违”行为。

A. 违章作业、违章指挥、违反操作规程

B. 违章生产、违章指挥、违反劳动纪律

C. 违章指挥、违章作业、违反劳动纪律

D. 违章生产、违章指挥、违反操作规程

（6）《通知》要求，要鼓励和引导企业研发、采用先进适用的安全技术和产品，鼓励安全生产适用技术和新装备、新工艺、________的推广应用。

A. 新产品　　B. 新标准

C. 新设备　　D. 新设施

2. 答案

（1）B　（2）B　（3）B　（4）D　（5）C　（6）B

第十二章

文明生产讲安全

一、相关漫画

还是注意“文明生产”吧

二、文明生产精讲

（一）文明生产的概述

1. 文明生产的概念

所谓文明，就是文化，包括物质文明和精神文明。我们所说的文明生产，自然包括两个方面：一是物质文明，这是我们班组生产劳动的基础，生产条件、生产设施以及作业环境等，有利于我们安全生产的客观条件。二是精神文明，是指我们组员的文化素养、技术水平以及保证生命安全的一系列法律法规、规章制度等都属于精神文明范畴。文明生产不但体现劳动基础状况，而且也包含组员的精神面貌。二者有机结合起来，呈现出班组的崭新风貌，做到生产管理科学化、安全管理人性化、人与人之间关系和谐化。只有这样，才能做到文明生产、文明施工。

2. 文明生产的意义

文明生产是指生产的科学性、文化性和安全性。

（1）科学性，即创造一个保证质量的内部条件和外部条件。内部条件主要指生产要保持节奏性，工序（工种）之间保持协调性，因此安排要科学、合理，保证产品或工程质量，达到均衡生产；外部条件是指生产环境、安全条件等，以利于保质保量。生产环境的整洁卫生，包括生产场地和环境要卫生、整洁，光线照明整齐划一，设备仪器保持良好运行状态等。

（2）文化性。文明生产又包含一定的文化、技术水平和管理能力，是组员素质的具体体现。

（3）安全性，没有起码的文明生产条件，企业的质量管理就无法进行，安全生产也就没有保证。由此说来，文明生产不单单是指环境卫生，更重要的是囊括科学、文化和安全的元素，又是企业管理的重要内容。

3. 文明生产的作用

文明生产是企业发展的必然，也是安全生产的必要保证。其作用有4个：一是有利于“安全标准化”。从作业环境，危化品、工器具、防护装置和防火防盗管理等方面制定完善的标准，并认真贯彻执行，防止由于环境因素、人员行为、措施不当导致发生人身事故和设备事故的发生。二是有利于班组安全文化建设。真正形成“我要安全、我会安全、我能安全”和“生命至上，安全第一”的理念，不断提高组员的安全文化素养和综合安全素质。三是有利于各项生产任务的完成。舒适的作业环境、严格的规章、井然有序

的管理能够激励组员的积极性和创造性。四是有利于以人为本方针的落实。文明生产给组员的生命安全提供保障。生产条件改善、安全设施齐全以及组员素质的提高，创造适合生产的作业环境，有效避免各种安全隐患，致使事故率逐年下降。

4. 文明生产与安全的关系

文明生产与安全生产的关系是辩证的，相辅相成的。没有文明生产，很难实现安全生产。二者关系是：其一，文明生产是安全生产的基础。文明生产内容包括物质文明和精神文明，一个是物质基础，一个法律法规和制度；一个是物质的，一个是精神的，二者恰恰又是安全生产的重要基础，离开文明生产，奢谈安全生产。其二，安全生产是文明生产的结果。文明生产的目的，是有效地保证安全生产。安全生产是文明生产的晴雨表。其三，文明生产给安全生产提供支持。雄厚的物质基础是安全生产的必备条件，必要的法律法规规章制度又给安全生产以精神的支持。其四，安全生产为文明生产提出更高要求。安全生产的要求越高，文明生产越要提出新的方向、目标和做法，以适应安全发展的需要。总之，弄清二者之间的辩证关系，利于提高文明生产的自觉性，利于班组安全文化建设。

（二）文明生产的内容

1. 现场管理

现场管理通常包括以下内容：一是定置管理。设施（设备）摆放整齐划一，台台完好，件件合格。工程或产品外观好，消防器材定置摆放，安全通道通畅。二是质量管理。严把质量关，做到“三不放过”，即做到责任者查不清不放过、事故原因不排除不放过、预防措施不制定不放过。三是设备管理。坚持日清扫、周维护、月保养。重点设备凭证上岗操作，严格设备事故报告制度。四是工具管理。工具（量具、刃具）由专人保管使用，严禁违章使用或挪作他用。严禁磕、碰、划伤、锈蚀、受压变形。五是文明生产管理。作业场所要求清洁整齐，严禁跑、冒、滴、漏。严禁长明灯、长流水。坚持文明生产、文明运转、文明操作，根治磕碰、划伤、锈蚀等现象。做到五不走：即每天下班设备不擦洗保养好不走，工件不按规定放好不走，工具不清点摆放好不走，原始记录不记好不走，工作场地不整洁不走。

2. 制度管理

强调企业班组制度管理，以保证生产有条不紊地进行：一是交接班制度。做到手拉手，口对口，以便了解安全与生产存在的问题。如发现有不符合交班规定的内容，可暂不接班。接班后如遇紧急情况，可与交班者共同处理，交班者必须听从当班者指挥。二是劳动纪律规定。组员上岗必须穿厂服、佩戴厂牌，戴安全

帽。严禁睡岗、离岗、串岗，聚众闲聊、打闹、大声喧哗。服从领导，听从分配。严禁吸烟、吃零食、穿高跟鞋，严禁员工酒后上班，严禁隐瞒掩盖事故，严禁对所犯错误推诿责任。三是设备管理制度。各岗位的生产设备必须完成上级下达的技术指标要求，即考核设备的综合完好率，并层层分解落实到岗位。重要设备的重大缺陷，由厂级领导组织研究，确定控制方案和处理方案。四是文明生产制度。严格厂规厂纪，班容、班貌整洁，生产现场秩序井然有序，使用文明规范用语，不说脏话，不谈笑嬉闹。五是原始记录管理制度。原始记录一般包括岗位运行日报表和交接班记录、巡检记录、检修记录等，填写内容要符合生产运行真实状况，不准漏填、估填、瞒报和事后修改，务必保证记录的准确性、完整性。记录内容必须真实，字体工整、清晰和采用仿宋体，不得随意涂改卷页，更不能撕页、缺页、胡写乱画。

3. 行为管理

每个组员的行为必须受到法律法规的制约和约束，要有较强的自控力，反复提醒自己，力求符合企业员工要求。班组处在生产一线，是培养锻炼人的地方，搞好组员行为管理，关系到班组的安全生产。通常做好以下方面的管理：一是生活行为管理。站有站相，坐有坐姿，举止言谈，不随地吐痰、不乱丢垃圾，接人待物，讲文明。一举一动，一招一式都要合乎行为规范。二是岗位行为管理。说老实话，办老实事，做老实人，保证产品质量。爱护集体财物，讲团结友爱，讲风格。三是社会行为管理。每个组员都要做个好工人，在社会上都要做个好公民。不要违法乱纪，搞好邻里关系，不打架骂人，不说脏话，讲究公共卫生。

4. 安全管理

班组安全管理是文明生产重要组成部分。可以这样说，安全管理不到位，文明生产欠火候。应从培养良好习惯做起，搞好现场管理，减少和避免各种安全隐患发生。通常的要求是：第一，坚持岗位责任制，各负其责，坚守哨位，守住动作，做强自己。第二，文明施工（作业）是最大的安全管理。不蛮干、盲干、瞎干，严格规章制度，做到有条不紊，井然有序。第三，洁身自好，做好自己。工作到位，质量到家，精益求精，安全高效。第四，遵守劳动纪律，不打架斗殴，寻衅滋事。爱护安全设施或设备，不随意挪动，做到完好无损。第五，严格规章制度，不违章作业（操作），发现险情及时处理，不留任何安全隐患。安安全全上班，高高兴兴回家。

（三）怎样做到文明生产

1. 从现场管理抓起

现场管理是文明生产的标志，需要付出努力和代价。一般来说有六抓：一抓

班容班貌，实行制式管理。作业场所的所有一切都应做到整齐、有序、文明、整洁和卫生。给人舒适的感觉，而不是脏、乱、差。二抓文明生产。所谓文明，是指工作有计划，有目标，有方向，操作讲章法，施工讲质量，不搞野蛮施工，做到秩序井然。三抓班组设施（设备、工具）管理。爱护机械，定期保养，做到拉得出，打得赢，完成生产任务。四抓安全隐患。发挥兼职安全员作用，形成人人查隐患，全班合力治隐患，做到安全生产。五抓标语板、口号牌以及各种规章制度管理。既要整齐划一，又要更新内容。六抓岗位练兵，提高技术水平，以适应安全生产发展的需要。

2. 从良好习惯做起

要想做到文明生产，组员必须养成良好习惯。所谓良好习惯，主要有以下方面：一是讲职业道德，爱岗敬业，诚实守信，办事公道。二是遵章守纪。服从领导，听从分配，学会自律，说老实话，做老实人，办老实事。三是讲究仪容，做新时代工人。穿着整洁，讲究卫生，谈吐得体，不说脏话，不说出格的话。既有工人的气质，又有工人做派。四是注意小节，养成良好生活习惯。不随地吐痰，不乱扔烟头和杂物。从一点一滴做起，要有严格地管理，加以监督和考核，并纳入班组文明公约。五是“人人为我，我为人人”。要有集体主义精神，既要做好自己，又要关心他人，讲奉献，讲风格。

3. 加大投入力度

要创造文明生产的客观条件，企业有较大的投入。一是改善厂容厂貌。既要把钱花在厂门修缮上，还应注意班组现场条件的改善。尤其是煤矿，改善采掘工作面条件，杜绝粉尘、噪声等，并要着眼于设备、生产工具更新换代，减轻体力劳动。二是改善班组作业环境，做到冬暖夏凉，添置防冻、防暑设施或设备，给人以赏心悦目的感觉。三是加大劳动保护投入，有利于安全生产。如矿工佩戴的自救器、防尘口罩以及劳动用品，尤其是工作服，安全帽，应定期更换，统一着装。要求整洁卫生，给人一种自豪感。四是安全牌、口号牌以及岗位责任制等，都要制式化，整齐划一，井井有条。

4. 纳入考核内容

有些班组往往重视产量和质量，却忽视现场管理，这种做法不利于文明施工、文明作业。一般来说，现场管理都应纳入班组管理内容，车间站段须加强检查督促，力求做到文明生产。通常的办法是：一是自检。由班组长对班容班貌状况进行检查，发现问题及时纠正，力求保持整齐划一，利于安全生产。二是车间站段根据考核内容，做到周检、月检、半年检和全年检，并把检查结果纳入评选优秀班组内容。三是厂矿有关部门随时抽查班组现场管理情况，及时通报，并给予奖罚，提高现场管理自觉性。四是现场管理与安全管理结合起来。文明生产的目的是既培养良好的工作习惯，又利于安全生产，做到一举两得。

三、案例细说

悬在头顶“一把刀”

这是一个作坊，一个没有经营牌照和资质的黑作坊。

8台抛光机像猛兽那样歇斯底里。空气里飘浮着大量镁铝粉尘，像毒雾一样在低矮的厂房弥漫着，不肯散去。这是姜某、李某夫妇开办的工厂，倒不如说是个无证经营的地下抛光作坊，专门为制锁企业抛光生产镁铝合金门锁拉手。务工者大都是外地的，他们为了生存，亲跟亲，朋带朋，千里迢迢来温州打工。

姜某的工厂坐落在温州市瓯海区郭溪街道郭南村，是一栋二层的民房，一层生产空间面积100多平方米，二层用于吃住。工人两班倒，从清晨6时干到半夜零时。

从2011年9月，地下工厂的老板姜某、李某开始在这里“淘金”。可想而知，那是个什么样的作业环境？什么样的现场？简陋的设备，地面杂乱无章，8台抛光机尖着嗓子叫，似乎一个比一个嗓门高，大有顶破房顶之势。震耳欲聋的声音，使务工者耳朵都麻木了，他们好像机器人一样，木木的。镁铝粉尘更是肆无忌惮，犹如乱云狂舞。善良的务工者们，你们可曾知道，戴着防尘口罩是不顶用的，那是抵挡不住粉尘的侵袭。浑身沾满铜臭的姜某、李某岂能抵御利益的诱惑，岂能舍得花钱，购置防尘设施？

抛光机日夜吼叫着，姜某、李某又怕他人知道，竟然把房门关得很严，不出太大的声响。务工者蒙在鼓里，以为这里很安全呢？他们哪里知道粉尘浓度过大，遇到火花会发生爆炸的。事先姜某没有告诉他们，粉尘有哪些危害，怎样预防？他们只知道干活挣钱，养家糊口。然而，连做梦都不会想到，头顶上悬着一把无形的刀，随时都有生命危险。

那粉尘很轻很轻，飘浮在空中，是看不见的。又因厂房空间太小了，不及时排放，粉尘的浓度日益增高。抛光机似乎不耐烦了，提高了嗓门，加大了音量，时不时擦出了火花，那是危险的信号，务工者仍像没事的，突然，一声巨响，粉尘发生了爆炸，夺去了13条鲜活的生命，十几人受伤。这起重大伤亡事故发生在2012年8月5日16时50分。

看来，现场管理是相当重要的，直接关系到劳动者的生命安全。

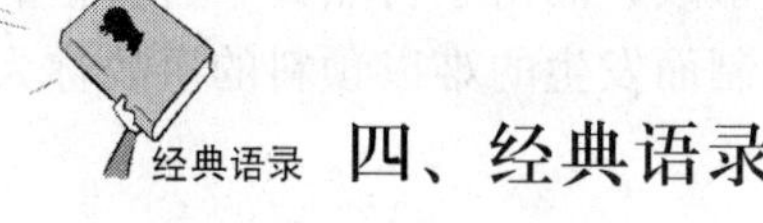

四、经典语录

（1）安全第一，质量为本。

（2）生命是个宝，健康最重要。

（3）事故不难防，重在守规章。

（4）树名牌意识，创精品工程。

（5）安不可忘危，治不可忘乱。

（6）质量是企业的生命线。

安全知识测试

五、安全知识测试

1. 测试题

（1）什么是安全和安全生产？

（2）什么是事故？

（3）什么是劳动保护？

（4）什么是“三违”和反“三违”？

（5）什么是“三不伤害”？

（6）什么是责任事故和非责任事故？

2. 答案

（1）安全是指没有物质危险和精神恐慌而使人处于自由的状态；安全生产是指预防生产过程中发生人身、设备事故，形成良好劳动环境和工作秩序而采取的一系列措施和活动。

（2）事故是指人们在有目的地进行生产劳动中突然发生意外事件，迫使生产暂时停止或人员受到伤害。事故是生产实践异常的突变。事故伤害程度分为轻伤事故、重伤事故、死亡事故三类。

（3）劳动保护就是指保护劳动者在劳动生产过程中的安全、健康。根据国家法律、法规，依靠技术进步和科学管理，采取组织措施和技术措施，消除危及人身安全健康的不良条件和行为，防止事故和职业病，保护劳动者在劳动过程中的安全与健康，其内容包括劳动安全、劳动卫生、女工保护、未成年工保护、工作时间与休假制度等。

（4）“三违”是指“违章指挥、违章操作、违反劳动纪律”；反“三违”即指“反违章指挥、反违章操作、反违反劳动纪律”。

（5）不伤害自己、不伤害他人、也不被他人所伤害。

（6）因有关人员的过失而造成的事故叫责任事故；而由于自然界不可抗拒的因素造成的事故，或由于当前科学技术条件的限制而发生的难以预料的事故称为非责任事故。

第十三章

杜绝习惯性违章

一、相关漫画

早晚要出事

二、习惯性违章精讲

(一) 习惯性违章根源

有的人患了“违章病”，今天违章，明天受伤，一再表态，做过检讨，要痛改前非，过后又不是他了，罚款名单有他的名字，这种状况若不加以整治，其后果是相当可怕的，贻害无穷。不但影响班组声誉，而且还会引发事故发生。那么，习惯性违章有哪些根源呢？具体说，有客观的，也有主观的，主要还是人为的，其根源有以下几个方面。

1. 侥幸心理

侥幸心理是指偶然地，意外地获得利益，或躲过不幸，引申为人们贪求不止，乞求非分，意外获得成功或免除灾害的心理活动，如侥幸过关、心存侥幸等。其实，这种心理，人人都有，一般生活态度不积极，心理失衡，相信运气，信念迷失，缺乏坚持。通常的表现是：一是撞大运，明知没有成功把握，偏要撞一撞，以求成功。二是自控力不强，不能支配其行为，做违章的事情。三是相信偶然性，这种潜意识得到孕育膨胀后，就会引发冲动，什么事情都可能发生。四是满不在乎，置若罔闻，对自己行为不检点，不当事做，抱有无所谓态度。五是自欺欺人。欺骗自己，也欺骗他人，明知是火坑或陷阱，非往那里跳，到头来，是飞蛾扑火，自食其果。

2. 不良习惯

不良习惯往往又在工作中复现，可以这样说，有什么样的习惯，就有什么样的作风。不良习惯大体有以下几个方面：一是随随便便，目中无人，无拘无束，如随地吐痰，乱扔杂物。二是自不量力，逞能好胜，本身能力不大，非要做异想天开的事情，结果是头撞南墙，一败涂地。三是懒懒散散，不求上进，大事做不来，小事又不做，生产没劲头，产品出差错。四是爱打赌，这种习惯不好，靠打赌定输赢，事物并非如此。任何成果，不是从天而降，而是通过诚实劳动，付出艰辛和努力，否则一事无成。五是想当然，凭主观臆断，认为事情大概是应该或是这样，往往适得其反。本来有安全隐患，却凭空想象，要起大胆，认为没事，结果捅了马蜂窝。六是投机取巧。做任何事情，总想走捷径，好像天下的人都是傻瓜，唯独自己是圣人，事实恰恰相反，结果付出惨重代价。

3. 不求认真

我们干工作，做事情，不求精细，马马虎虎，不可能收到好的效果，不是这

里出现瑕疵，就是那里出纰漏，非但不能达到圆满的结局，相反极易造成安全隐患。然而，不认真的毛病，差不多人人都有，学生写作业丢胳膊落腿，作家的著作中出现错别字，医生把手术刀落在患者体内，司机误把油门当刹车。这样的事例，举不胜举，其中的原因就是不精细，干活太粗糙，不用心。倘若习惯成自然，很容易酿成事故。我们再看看事故案例，很多事故都是工作不精细，留下了安全隐患。如果这个毛病不改，那么就会重复一样的错误，一样的事故。所以说精细不单单是素质，而且又是事故之源。讲究“认真”二字，把手工的活做到家，力求完美，本身就是尽职尽责。

4. 无视法纪

那些违章作业的，甚至造成事故的，往往都是无视法纪的人。应该说，事故的主因基本上是人为的，主要表现在以下方面：其一，明知故犯，根本没把违章当回事。试想跟这样的人在一起干活，会有怎样的结果呢？可想而知。其二，似懂非懂，似是而非，称其故意踩“地雷”冤枉了，关键是不学法懂法，更别提依法办事了，是安全法盲。对于这样的人，应该“回炉”，直至懂得法律法规，才能上岗。其三，没经过培训就上岗。尤其是招收的新工人，别说法律法规，就连起码的常识都不懂，这样的工人，很难保证自身安全，同时也会伤及他人。其四，以身试法。企业里有这样的职工，不听劝阻，敢往火坑里跳，结果制造祸端，伤了自已，殃及他人。对于这样的职工必须零容忍，或是重点教育，或是强化培训，绝不能叫他上岗。

（二）习惯性违章表现

1. 心存侥幸

心里明白，腿打标。心存侥幸，明知违章，偏要操作。虽说违章作业不一定出事故，但心里没底。像“酒驾”一样，尽管一时没撞着人，但迟早会发生交通事故。

2. 得过且过

人无远虑，必有近忧。今日有酒今日醉，明日愁来明日忧。无所用心，不虑长远，当一天和尚，撞一天钟。挣到了钱就万事大吉了。至于安全隐患，与我无关，根本没放在心上。

3. 自以为是

这个成语出自《荀子·荣辱》：“凡斗者必自以为是，而以人为非也。”这种人太主观武断，一切都是由自已说了算，听不进他人意见。大凡这样的班组长，往往是贸然行事，固执己见，结果铸成了错误。

4. 无所顾忌

天老大，他老二，熊瞎打立正——一手遮天。遇到突发事件或险情，不顾主

客观条件，由着性子干，只想眼前，不虑后果，不顾他人安全，这样的班组长，真该改改这个毛病，否则，非碰个头破血流不可。

5. 不懂装懂

不看书，不读报，对法律法规一知半解，甚至是擀面杖吹火——一窍不通。然而，又装大明白，俨然万事通，明明违章了，又意识不到。这样的班组长，是南郭先生，是大糊涂糊弄小糊涂，这比无知更危险。

6. 明知故犯

这个成语出自宋代高僧释普济《五灯会元》卷十九："问：'一切含灵具有佛性，既有佛性，为什么却撞入驴胎马腹?'师曰：'知而故犯。'"明明知道不能这样做，却故意违犯；明明熟知安全操作规程，却偏偏在作业中图省事，怕麻烦，养成违章习惯。

7. 胆大冒险

胆大冒险是典型的英雄主义，却又是愚昧无知的表现。明知山有虎，偏向虎山行。冒天下之大不韪，别人不敢干的事情他敢干，一旦遇到危险，又拿不出具体措施和办法，迟早会把自己搭进去，甚至殃及池鱼。

8. 经验主义

凭着自己的经验来处事，而不是依据客观事实，往往把法律法规扔到一边，按照老办法、老框框、老经验处理事情，缺乏具体问题具体分析，更不能与时俱进，到头来是好心办坏事，最容易犯低级错误。

9. 蛮干、盲干、瞎干

这种人有力气，缺知识，使蛮劲，不管不顾。贸然行事，不是碰个头破血流，就是留下终生遗憾。至于瞎干，更令人匪夷所思，碟子扎猛——不知深浅。这三种类型的人，最容易违章，又不长记性，甚至麻烦连连。

（三）习惯性违章的治理

习惯性违章不治理，势必形成野蛮施工或作业，要做到安全生产无事故，比登天还要难。同时，我们抓习惯性违章，不能搞一阵风，要从班组实际出发，揭摆习惯性违章现象，分析个中原因，挖出其思想根源，对症下药，采取有效措施，拿出具体治理办法，不能泛泛地讲，更不能空对空，班组要抓，企业要管，真正抓出成效来。

1. 提高安全意识

对违章者，采取"高压政策"，除了罚款，就是处分，久而久之，打皮了，骂滑了，按下葫芦飘起瓢，该违章还是违章，对此，班组长很伤脑筋。到底怎样治理？还是从根上抓起。人的行为是受大脑支配的，没有牢固的安全意识，岂能解决习惯性违章问题。具体来说，安全教育应放在首位，一是抓安全培

训，形式、手段、方法应与时俱进，开拓创新，入脑入心。二是形式应多种多样，利用互联网，采取安全短信，不搞“念、听、散”；利用事故案例，做反面教材，做到警钟长鸣，提高安全意识。三是内容坚持“少而精”原则，材料要新，抓住重点，从应知应会抓起，学到应该学到的知识。四是方法多样，以启发式为主，不搞填鸭式。对习惯性违章重点对象，要结成帮教对子。采取教育与罚款相结合，集体培训与单兵教练相结合，在提高安全意识上下工夫。

2. 严格规章制度

如果我们连规章制度内容不清楚，那不等于盲人骑瞎马吗？怎样严格规章制度？当务之急是抓应知应会。没有系统的培训，岂能有应知应会。在“严格”二字上下工夫，从点点滴滴做起，从良好习惯抓起，加强培养提高。抓好三个重点：一是重点抓班组长的以身作则，给组员做出榜样，影响和带动规章制度的严格执行。二是重点抓好操作和作业规程的贯彻落实，做到耳熟能详。尤其是新工艺、新技术、新设备（机器），必须严格操作程序，强化训练，加强岗位培训工作。针对各岗位生产实际，开展岗位练兵活动，以提高操作和作业水平。三是重点抓习惯性违章的人，教育其遵守规章制度。通常的办法是，不允许在关键岗位作业。若重复违章，停止其工作，不能叫一条鱼搅得一锅腥。四是重点抓最容易出现习惯性违章的岗位的监督检查，不给安全隐患留有任何空间。

3. 严肃劳动纪律

一般来说，劳动纪律是指对劳动的要求和规范。随着班组现代化，对组员的素质有很高的要求。通常来讲，劳动纪律包括以下内容：一是严格履行劳动合同及违约应承担的责任（履约纪律）。二是按规定的时间、地点到达工作岗位，按要求请休事假、病假、年休假、探亲假等（考勤纪律）。三是根据生产、工作岗位职责及规则，按质、按量完成工作任务（生产、工作纪律）。四是严格遵守技术操作规程和安全卫生规程（安全卫生纪律）。五是节约原材料、爱护用人单位的财产和物品（日常工作生活纪律）。六是保守用人单位的商业秘密和技术秘密（保密纪律）。七是遵纪奖励与违纪惩罚规则（奖惩制度）。八是与劳动、工作紧密相关的规章制度及其他规则（其他纪律）。班组应建立配套的纪律处罚规定，凡违者都要予以处理，对屡教不改者，应严肃纪律，绝不能姑息养奸，迁就的本身是为事故埋下隐患。

4. 标准化作业

标准化作业是加强“三基”（基层、基础、基本功）工作的重要手段，是落实岗位责任制和各项规章制度的具体体现。实施标准化作业的目的是实现安全生产，提高生产效率，规范作业人员的操作行为，最终达到避免和杜绝由违章作业

而导致的各类事故。

5. 完善约束机制

制定科学的安全考核机制，这种机制应利于监督和考核。现实生活中，我们往往只注重结果，而忽视过程。奖励无事故单位，而“无事故”有很多违章行为的存在，也就是说，违章可以得奖，这无疑是对违章的强化。因此，把执行规章制度行为纳入考核范围，违章就要受罚，这样强化了执行安全规章意识，有利于促进安全生产。

三、案例细说

冒险捅放煤大眼

这个大眼，有二三十米深，俯首看去，有点毛骨悚然。

大眼附近，有个掘进队，做回风巷道，矸石夹带着煤，一股脑往大眼里倒。由于大眼断面小，偶尔矸石块大，或有一截木料，横住了大眼。大眼下面是悬空的，上面的东西越积越多，如果不去处理，上面东西倒不下去。活人不能叫尿憋死的。班里外号有个叫牟三的，他长得瘦小，动作灵活，像猴子一样敏捷。他见班头儿很着急，大眼不通，回风巷做不了。牟三冲着班头儿笑，意思说，我下去试试。班头儿没吱声，他知道，牟三这样做，是很危险的，弄得不好，会掉下去的，摔个粉骨碎身。

怎么办？叫牟三去捅，那是违章的，不叫他去，又没什么办法。

正在犹豫之时，牟三对班头儿说：“把我身上拴上一根绳子，把我放下去，把横在大眼的木料撬掉，大眼通了，咱们好干活儿。”班头儿看了他一眼，没说同意也没说不同意。牟三心领神会，工友们给他拴上根绳子，把他顺下去。他费了吃奶的劲，用撬棍将横在大眼里的木料顺了下去，只听“轰”的一声，大眼顺畅了，噎在喉咙里的东西下去了。牟三上来后，班头儿没说话，仅是拍了他一下肩膀，很显然，对他的行为表示满意。

没过多长时间，大眼又堵住了，不用班头儿指派，牟三主动处理。这次，由于大眼内又是木头又是矸石，用半个小时，才把大眼畅通了。牟三上来后，累得呼呼直喘粗气，随口甩了一句：“这活儿不是人干的。”在那个年代，根本不考虑违章，即使违章了，批评两句了事。实际上，牟三心里明镜似的，说他是逞能呢，还是犯傻呢？迟早事故是要找上他的。

又过些日子，大眼又堵住了。处理大眼的事，好像由牟三承包似的。别说他违章，连班里所有成员都是如此。他下到大眼里，先是用撬棍撬，那根矸石太大了，纹丝不动。半个小时过去了，大眼有意跟他过不去。搬掉一块

大矸石，还有半根木料，他想，只要把木料撬动了，矸石会下去的。上边拽绳子的，竟然放松了警惕，牟三连绳子带人都下去了。大眼是畅通了，牟三却摔个半死。

这个故事，不是杜撰的，确有其事。曾发生在辽宁北票煤矿冠山二井。由此看来，习惯性违章不是今天才有，以前就有，只是没人提及罢了。

四、安全知识

（1）特种作业人员应年满 18 岁以上，但从事爆破作业和煤矿井下瓦斯检验的人员，年龄不得低于 20 周岁。

（2）劳动卫生的中心任务是：改善劳动条件，防止职业危害。

（3）事故发生的原因是什么？从宏观讲，根据统计，主要的原因是物的不安全状态和人的不安全行为。

（4）触电现场抢救要点：迅速脱离电源；准确实行救治（人工呼吸和胸外心脏挤压）；就地进行抢救；救治要坚持到底。

（5）安全生产管理的“四全”原则是：全员、全过程、全方位、全天候。

（6）安全帽上如标有“D”标记，是表示具有绝缘性能的安全帽。

五、安全小故事

1. 行人与幸运女神

有个行人长途跋涉后，筋疲力尽地倒在井边睡着了。当他差一点掉到井里时，幸运女神叫醒了他，说：“喂，朋友，你若掉到井里，一定会责怪我，决不会怨自己的疏忽。”这是说，许多人把由于自己造成的不幸，常常归之于命运。

2. 杀人凶手

一个杀人犯，被受害者的亲人们穷追猛赶，逃到尼罗河边时，迎头遇见一匹狼，他惊恐地爬到河边的一棵树上，躲在上面。但他又看见树上有一条大蛇朝他爬来，他吓得跳到了河里。在河里有一条鳄鱼，正在等着他，就把他吃了。

3. 庸医

从前，有一个庸医。他给一个病人看病，其他的医生都说这病人没有什么危险，仅需要一段时间，就能康复。他却叫病人准备后事，并说：“你已经活不过明天了。”过了些日子，这病人的病情略有好转，脸色苍白地出外散步。那医生遇见他，说道：“你好，地下的人们怎么样?”他回答说：“喝了忘河的水，很安静的。但不久以前，死神和冥王因医生们没让病人死去，大肆威胁和恐吓他们，并把他们的名字都一一记下。本来你的名字也要被记下，但是我跪在死神和冥王面前，苦苦哀求，并发誓说你不是真正的医生，而是被别人误认为的。”

这故事揭露了那些既无知识和医术，又要吹牛行骗的江湖庸医。

第十四章

精益求精创优质

一、相关漫画

技术骨干的荣誉

二、精益求精精讲

(一) 提高技术素质的需要

1. 什么是精益求精

所谓精益求精是指把事情做得更精细更完美更漂亮。要想达到这个要求，并非易事，需要付出艰辛和努力。一般说来，精益求精包括以下含义：其一，是一种追求。谁都想把事情做得天衣无缝，更加完美，更有审美观，更有成就感。其二，是一种理念。所谓理念，是指做好工作的思想。思想是受大脑支配的，这是做好工作的前提。其三，是一种境界。比如，我们所建造的大桥，质量第一，精益求精，达到一流。如果没有这种境界，要求放松了，极易出质量问题。对于班组而言，每个组员必须树立精益求精的思想，并为之而努力，特别能战斗，生产一流产品、铸造一流工程，不愧为时代先锋。

2. 企业发展需要

企业与企业之间的竞争，是人才的竞争。而人才又体现在生产或制造高、精、尖的产品或工程上。衡量一个班组水平是看能否生产优质产品，而优质产品又能体现生产力水平。企业发展靠优质产品，而优质产品又是经过组员之手精心施工，精心制造而成。如此说来，人才是精益求精之本。只有高素质的组员才能生产优质产品。人才的培养，是当务之急。优质产品是市场竞争的关键。实际上，各企业的实力主要看产品，看产品的质量，是否精美、漂亮、耐用。没有市场，就没有效益，市场是关系企业生死存亡大问题。企业要想立于不败之地，必须打出“优质牌”，这和企业的商标一样，要做到家喻户晓，赢得信誉。所以说，优质产品出于精益求精的人才。

3. 班组能力体现

只有优秀班组才能生产优质产品（工程）。然而，优质产品又是由那些优秀工人创造的。他们之所以这样，关键是用精益求精的精神对待工作。看班组能力如何，主要看班组成员对工作的态度，是否精雕细刻，是否使生产的产品达到更完美更优秀。如果说企业没有优质产品，就很难打开市场，没有精益求精的组员，也很难实现这个目标。所以说，精益求精也是生产力。看班组的能力，一看班组成员的劳动态度，是否有主人翁精神。二看班组成员的技艺，是否承担艰巨的任务，能否做出优质产品（工程），以检验其能力水平。三看班组成员的精神，是否特别能战斗，即使条件再艰苦再复杂也要生产优质产品（工程）。班组一切工作的出发点和归宿点，都是生产或创造优质产品或工程。

（二）班组素质现状

1. 能工巧匠少

绝大多数班组年轻工人多，老工人少；大多数又是农民工，文化水平不高，加上企业对技术培训重视不够，使得能工巧匠奇缺。即使想生产优质产品，皆因技术水平低，很难达到规定要求。然而，班组人才青黄不接，别说班组成员驾驭不了高、精、尖技术，连班组长也是如此。这种现状不改变，很难涌现一大批能工巧匠，更别提优质产品了。实际上，能工巧匠的培养，并非一日之功，需要很长时间。衡量一个班组或一个企业的技术水平，在某种意义上是看有多少能工巧匠，他们是企业的技术中坚，是不可多得的力量。当务之急是采取措施，通过技术比武或技术大练兵，创造条件，发现培养一批能工巧匠，并以他们为榜样，像滚雪球一样，形成师带徒，徒弟向师傅学习的热潮。

2. 一技之长少

应该说，不同的班组承担不同的生产任务。任何生产任务的完成，都要付出相当大的代价。然而，没有一技之长的人才，有的任务却很难完成。从班组现状来看，这样的人才凤毛麟角，甚至一个企业都没有多少。从事采掘任务的煤矿工人，并非有力气就能干好活，没有一套技术，是玩不转的。比如采煤大拿、掘进能手，他们的技术高超，其工作既高效又优质，这样的采掘队肯定是煤矿的一面旗帜。由此可见，班组有了一技之长的组员，在关键地点和关键场合，有能力、有办法果断处理险情或安全隐患。

3. 复合型人才少

所谓复合型人才，就是生产的多面手。企业发展离不开复合型人才，一岗多能，一顶仨，甚至是更多。否则，一岗一人，闲的闲，忙的忙，用工多，生产效率低。当然劳动报酬相对就少。如果这种现状不改变，那么很难创造更多的价值。因此，班组有计划地培养复合型人才，正是企业发展的需要，也是大势所趋。有的企业，仍未引起高度重视，他们只顾眼前，图小利，不能风物长宜放眼量，没有长远的战略眼光。要改变这种现状，通常的办法是，结合生产实际，有目的有计划地培养多面手，鼓励工人一专多能，撂下撮子就是笤帚，既节省劳动力，又提高效率，一举多得。

4. 有经验的少

班组人员构成的确是个问题，主要有年龄结构不合理，年轻人多，岁数大的少；文化水平低，大中专学历少；从事本岗工作时间短，长期在本岗作业的少；缺乏实践经验，处理过安全隐患的人少。不管是班组，还是企业，都需要有经验的工人，他们遇到风险不惧怕，知道怎样处理，能化险为夷。身边有具备实践经验的工人，做起工来心里有底，不怕任何困难。比如，去医院看病，都愿意找有

经验的医生，他们有临床经验，尤其对复杂的疑难病症，能说出所以然。我们企业班组也是如此。实际上，经验从何而来，源于生产实践，源于对生产的认识。

（三）优质与安全关系

1. 没有精益求精就没有优质

优质产品（工程）不是吹出来的，而是做出来的，没有精益求精，奢谈优质。精益求精与优质产品（工程）二者又是相辅相成的。换句话说，精益求精是手段，优质则是成果。如果我们没有这个概念，没有实际行动，是空喊不出优质产品的。精益求精并非轻易做到，需要花费时间、精力，甚至很大投入，同时又有高度的责任心，把从事的工作当做关系到国计民生的大事来做。精益求精源于对工作的极端负责，力求把产品做得极致，把事情做得尽善尽美。光有美好愿望是不行的，还必须有驾驭所从事工作的本领，这是非常重要的，俗话说，没有金刚钻，揽不了瓷器活儿。有胜任精益求精的班组成员，才会生产优质的产品，二者缺一不可。

2. 优质是保证安全的基础

实际上，安全与优质是密不可分的。也就是说，没有优质，就没有安全。优质是安全的基础，又往往被我们所忽视。进到车间站段，看到的标语，大都是安全生产的内容，却很少有优质方面的内容。我们就安全抓安全，是不全面的，有些偏颇。之所以出现安全问题，是我们在进行物质生产时，出现了这样或那样的问题，如果没有物质生产，很难会有安全隐患。要保证或避免安全隐患，唯一的办法就是把工作做到位，不出现任何差错，这取决于我们每个组员的精心施工，把工程做得更加完美。其原因有三：一是优质产生于精益求精。工作做到家了，安全隐患就没有空隙可钻。二是精益求精为安全提供了保证。按操作规程作业不走样，不糊弄，不留下遗憾。三是安全是建立精益求精基础之上。

3. 安全依靠优质来实现

就安全抓安全，到头来什么也没抓到，非但浪费人力、物力，相反时有事故发生。必须清楚，我们生产的目的，是满足人们日益增长的物质和文化生活的需要。如果我们建造的大桥和楼房都是劣质品，安居乐业从何谈起。由此看来，优质产品（工程）跟安全是密不可分的，安全贯穿于生产的全过程。优质产品的由来，取决于我们在操作或施工过程中的精益求精，也就是说，没有精益求精，就不会生产出优质产品。要想做到安全生产，必须从精益求精抓起，必须从优质产品（工程）抓起，不给安全隐患留有任何余地，这是非常重要的。在某种意义上说，我们抓精益求精，就是生产出更多的优质产品，既满足人们生活需要，又给安全生产提供了保证，一举两得。

（四）途径和办法

1. 在生产中锻造和磨砺

班组的每个成员，都要掌握高超的技艺，用精益求精的精神和态度去生产优

质产品，这是一件很不容易的事情。任何能工巧匠都是在生产实践中锻造和磨砺出来的。通常的办法如下：一是热爱本职工作，驾驭手中的生产工具，在生产中摸索经验教训，铁杵成针。二是需要经过长时间的磨砺，三天打鱼，两天晒网不行，半途而废不行，脚踏实地做好每一件产品或每一项工程。三是在艰苦条件下磨砺，需要有毅力，有韧性，百炼成钢。许振超之所以成为新时代工人的先锋，是他多年从事塔吊工作，并以此为家，把青春献给这个普通岗位。四是吃一堑长一智，而不是稀里糊涂，当一天和尚撞一天钟。

2. 高标准，严要求

能否达到精益求精，关键在于高标准，严要求。同时间入厂（矿）的，几年以后为何判若两人，有不一样的结果。这里的原因有以下几个：一是对自己要求不严，工作不认真，得过且过，他人能独当一面，自己却挺不起个儿。二是不动脑筋，对技术不钻研，基本功不扎实。三是不求上进，无所作为。要培养能工巧匠，必须从严要求，首先要打好基础，一招一式，合乎规范，而不是随心所欲。其次，摸索规律，找到窍门，既做到多快好省，又出优质产品。另外，标准要高，质量要优，需要有付出，甚至流血流汗。大凡技艺高超的，都是对自己高标准严要求，勇于登攀高峰。

3. 创造成才条件和氛围

组员能否成才，光靠班组是不行的，这是个系统工程。需要企业和社会的鼎力支持，更要有一个创造精益求精的机制和氛围。主要体现在以下方面：一是人力财力物力的投入。没有投入，空手套白狼，那是一事无成。企业应有这方面的预算或列支，重在培训，提高技艺。如办培训班，力求在某个领域某个工种某个岗位有所突破，有所建树。二是像培养后备干部那样列出重点培养对象，纳入企业班组管理计划。一般来说，每个班组都应有一两名甚至多名技师或高级技师。三是加大优质产品奖励力度，刺激学技术积极性和创造性。对那些技师或高级技师实行奖励，甚至命名为某某班组。四是安全与优质挂钩。二者不能脱节，更不能分开，应该有机地结合起来。夯实安全生产基础，向优质要安全。

三、案例细说

钢 轨 医 生

石春江是北京铁路局丰台工务段黄村线路车间北岔工区班长。他所在的黄村线路车间北岔工区，担负着京沪、京九、黄良线和黄村站内 14 股道 54 组道岔、31 km 线路养护维修任务。这是出入北京的咽喉地带，养护工作重。维修工作稍有疏忽，轻者会出现设备故障延误，重者会造成车毁人亡的后果。

2010 年 2 月 3 日，石春江完成了一天的工作，晚上回家拿换洗衣服，刚到家，电话就响了，一看是工区的电话，他就知道线路出问题了，“京沪三线 30 km＋200 m 红光带，需要进行设备检查，现在人手不够，需要您赶快赶到。”电话就是命令，石春江二话没说，骑着自行车就赶到了现场。他分区段检查完设备后并没发现任何问题，如果将检查结果报告车间也就算完成了任务，但是石春江凭借着 32 年的工作经验，带领职工越过工区交界继续检查，终于在30 km＋205 m 处发现右股线路焊缝斜裂拉开了 15 mm。找到了隐患，石春江才算放了心。像这样发现隐患并排除的事例石春江自己都记不清有多少回了。他对自己辖区内 31 km 线路了如指掌，能在第一时刻判断出轨道线路的隐患，这和他过硬的技术是分不开的。铁路线路的养护工作需要有绣花的功夫，因为线路和道岔的各部分尺寸都是以毫米来计算的，稍有疏忽都有可能造成列车的脱轨颠覆。因此这项工作不仅是对体力的考验，也是对检修态度的考验。多年和养护工作打交道，石春江练就了一身本领，“铁轨有两三毫米的水平差，我能一眼看出来”。2008 年 7 月，黄村站内京九下行 21 km＋700 ～ 810 m 轨检车Ⅲ级分频繁出现，导致Ⅳ级报警。石春江检查后发现，原因是设备大修后连成渡线的三组交分道岔不在一个平面，串线距离又短，造成道岔辙岔角度连接不良。为了解决这个问题，石春江对 3 组道岔逐根枕木进行测量，精确掌握每个部位的几何尺寸，使用“小线”反复测量调整后的设备变化。他采取加厚铁垫板，调整垫板方向的办法，最终消除了病害根源。他凭着过硬的技术解决的问题不计其数，周围的人对他的技术心服口服，他也被工友称为“技术大拿”。现场抬运辙岔一般要用 10 盘杠 20 人进行，在抬运过程中容易发生磕砸伤碰等人身安全问题。2010 年下半年，他利用“杠杆原理”，焊接制作了一个抬运辙岔的移动天车，经过现场实际运用，抬运辙岔和横跨线路时可省下 2/3 的人工，安全性大大提高。

四、经典语录

（1）没有最好，只有更好。

（2）情况是在不断地变化，要使自己的思想适应新的情况，就得学习。——毛泽东

（3）人生是一个永不停息的工厂，那里没有懒人的位置。工作吧！创造吧！——罗曼·罗兰

（4）我对青年的劝告只用三句话就可概括，那就是，认真工作，更认真地工作，工作到底。——俾斯麦

（5）千磨万击还坚劲，任尔东西南北风。——清·郑板桥《竹石》

（6）“每天多做一点”的工作态度将会让你从你的同事中脱颖而出，不管你是普通职员还是管理阶层，这都一样。你的上司和顾客都愿意加倍地信赖你，从而给你更多的机会。

（7）如果你只为薪水而工作，你的生活将因此而陷入平庸之中。你找不到人生中真正的成就感。工作的目的虽然是为了获得报酬，但工作能给你带来的远比工资要多得多。

（8）如果你永远保持勤奋的工作态度，你就会得到他人的称许和赞扬，就会赢得老板的器重，同时也会获取一份最可贵的资产——自信。

安全知识测试

五、安全知识测试

1. 测试题

（1）什么是安全生产管理制度？

（2）什么是安全标准化？

2. 答案

（1）安全生产管理制度是根据我国安全生产方针及有关政策和法规制定的，是企业和职工在生产活动中共同遵守的安全行为的规范和准则。安全生产管理制度是企业规章制度的重要组成部分，通过安全生产管理制度，可以把广大职工组织起来，围绕安全目标进行生产活动。安全生产管理制度有些是国家制定的，有些是企业制定的。国务院发布的《关于加强企业生产中安全工作的几项规定》中规定了企业必须建立五项基本制度，即安全生产责任制、安全技术措施计划、安全生产教育、安全生产定期检查、伤亡事故的调查和处理。这五项基本制度是我国企业必须建立的安全生产管理制度。随着社会和生产的发展，安全生产管理制度也在不断发展，在五项基本制度的基础上又建立了许多新的制度，如安全卫生评价，易燃、易爆、有毒物品管理，防护用品使用与管理，特种设备及特种作业人员管理，机械设备安全检修，动火及防火及文明生产等制度。

（2）安全生产标准化是为了使安全生产活动获得最佳秩序，保证安全管理及生产条件达到法律、行政法规、部门规章和标准等要求制定的规则。安全生产标准化建设是落实企业安全主体责任、建立安全生产长效机制、实现企业本质安全的重要手段和有效途径。

企业安全生产标准化创建工作主要从以下几方面进行：

一是夯实安全生产基础管理。强化责任落实、健全规章制度，完善管理机构，落实管理人员，开展安全培训，深入隐患排查治理。

二是细化各种设备设施管理。企业特种设备、泄压、防爆、阻火、防雷、导静电、电气、消防、机械设备；危险物品设施；各类安全警示标志、安全出口、建构筑物等设备设施的管理工作细化到人，严格管理。

三是优化生产作业环境管理。要求生产环境布局合理，通道畅通，照明完好；生产、生活和储存区域安全距离符合规定要求；防止粉尘、毒物、噪声、辐射、高温等职业危害的措施到位；爆破、吊装、高处悬挂、有限空间、焊接、交叉作业、动火作业等危险作业有严格保障。

第十五章

赏罚分明倡新风

一、相关漫画

"万能"的罚单

二、赏罚分明精讲

(一) 细说赏罚

1. 赏罚的由来

说到赏罚，由来已久，人们对此并不陌生，连小孩子都懂得。从我国历史纪元的五帝开始，就运用赏罚来管理大臣。听了齐威王的故事，深知赏罚的重要性。他的左右近臣，都说阿城大夫有能力，而即墨大夫官风败坏。齐威王使人明察暗访，其结果与左右说的截然相反，事实是即墨大夫管理的地区“田野辟，民人给，官无留事，东方以宁”。而阿大夫管理的地区却是“田野不辟，民贫苦”。原来，即墨大夫为人正直，愿为民办事，不善结纳朝廷的左右近臣。反而阿大夫善于行贿买动人情，巴结朝廷左右大臣。齐威王掌握了实情以后，就把各地的官吏召集起来，对确有政绩的即墨大夫“封之万家”；对阿大夫以及那些因受了贿赂而隐瞒实情的大臣处以重刑。此后，群臣悚惧，莫敢饰诈，务尽其情。齐国大治，强于天下。随着社会发展，人类的进步，运用赏罚方法管理社会，管理企业，越来越被人们所认可，并贯穿到社会的各个领域各个企业，约定俗成。其实，赏罚分明一直延续到今天，非但得到广泛运用，而且相当普遍。说明这种管理方法，很受欢迎，很有实用价值。据说，赏罚分明出自《汉书·张敞传》：“敞为人敏疾，赏罚分明。”其意是：该赏的赏，该罚的罚，绝不马虎。我们企业班组怎样运用赏罚来管理安全呢？首先制定赏罚条例，对有突出贡献的，必奖，弘扬正气；违者，必罚，以一儆百，泾渭分明，真正起到激励或刺激作用。

2. 赏罚的目的

赏罚的目的，是维护法律的尊严以及规章制度的权威性，以便更好地组织生产和有条不紊地工作，这是前提条件。否则，班组则成了一盘散沙，战斗力从何谈起？赏罚的意义是什么呢？大体包括以下内容：其一，维护法律尊严，严肃规章制度，保证班组按部就班的运转。众所周知，规章制度是保护组员的生命安全，谁违反规定，就等于触动安全的神经，打乱正常的生产秩序。其二，奖赏是激励组员奋进的一个重要手段。怎样调动组员的积极性和创造性，必须通过激励机制，使其奋发向上，勇往直前。大凡先进班组，都在激励上做文章。其三，坚持以法治班，步调一致得胜利。俗话说，国有国法，班组也有班法，这样才能保障企业细胞健康成长。对违纪者实行惩罚，正是达到“爱护本人、教育他人”的目的。其四，赏罚分明是保证“班风正，人气旺”的重要手段。其五，是保证班组长在组员中的指挥权力，以完成企业交给的各项任务。

3. 赏罚的原则

要遵循“赏罚有据”“赏罚有信”“赏罚有度”“赏罚有方”等法则。以企业班组而言，什么情况该赏，什么情况该罚，必须按其赏罚规定，不能胡来，不能随心所欲，通过制度来制约，绝不能有随意性。要依据班组实际，经过民主讨论研究，制定赏罚条例，做到赏有依据，罚有证据，组员们服气。其原则包括以下几个方面：一是必须坚持“惩前毖后，治病救人”的原则，不能一棒子打死，更不能搞人身攻击。二是坚持“以人为本”的原则，有利于组员的安全与健康。三是有利于生产力水平提高的原则，调动组员的积极性和创造性，人人参与小改小革，个个争当技术能手。四是有利于遵守各项规章制度的原则，使其达到有序生产。五是有利于班组安全文化建设的原则，打造特别能战斗的班组，涌现更多的金牌工人，为国家和企业创造更多的财富。六是有利于“十年树木，百年树人”的原则，为企业输送有用人才。

4. 赏罚的方法

怎样赏罚才算科学、合理，又能产生激励和刺激作用，这里面大有学问，既不能过滥，又不能搞“一阵风”，必须坚持经常化、制度化，充分发挥赏罚的作用。大体方法有五个：一是口头批评或表扬。对组员做得对的地方，班组长及时给予口头表扬，对轻微违章的，予以口头批评，绝不能以罚代教。二是赏罚分明，正本清源。按班组赏罚条例，该赏则赏，该罚则罚。做到赏罚及时，有利于调动组员积极性。三是弘扬正气，避免走歪道。比如，消除安全隐患，保证组员的生命安全，或有严重违章，伤及自己和他人，给予必要的奖罚。坚持一事一赏，一事一罚，不要搞秋后算账。四是重赏重罚。对临危不惧，果断处理险情者，除班组予以重奖外，还要申报上级，给予立功受奖；对于严重违章造成伤亡事故的，予以重罚。五是赏罚资金出自班组。每月应从奖金提取一定比例，作为赏罚基金。凡罚金都应纳入赏罚基金管理。总之，赏罚办法应因班组而异，必须由组员民主讨论而定。

（二）赏罚的作用

1. 是班组安全管理手段

班组长运用赏罚管理手段，可收到事半功倍的效果。应该说，赏罚是对组员管理的手段之一，但不是唯一。一旦违纪，按照赏罚条例规定予以处理。为什么要采取赏罚手段呢？大体有以下原因：一是班组成员有其散漫性，没有纪律约束是不行的。因为一个班组，就像一台机器，有一个零部件发生了松动，就会影响和制约整个机器的动转，必须对其松动的零部件采取措施，其中包括赏罚手段，对违章者有所教育，有所约束；对非违章者，有所警觉。二是班组成员有其惰性。惰性不是很容易克服的，响鼓还需重锤敲。通过赏罚这个管理手段，激发斗志，像战士那样站岗放哨。三是班组成员有其习惯性。比如，有的班组成员存在习惯性违章，即使批评教育仍不悔改，只有惩罚才有所收敛。四是班组成员需要激励，培养积极向上精神。实行赏罚管理，利于刺激其积极性，利于班组成员当家做主。

2. 是安全教育的方法

班组安全教育，有很多方法，但赏罚手段应属其一。为什么这样说呢？往往我们提到教育，自然联想到上大课，或由领导讲事故案例或看幻灯片等。但是，思想教育不是万能的，树立安全思想，也有多种多样的形式，采用赏罚手段，更直接、更有效、更有针对性。大体上有以下几个好处：一是通过罚款，自身利益受损失，唤起改正错误的决心，更加遵章守纪。一般来说，受罚的组员会浑身都不自在，非但心里不得劲，反而受到家人或朋友谴责，必须痛改前非，以克服或改正其毛病和错误。二是通过处罚，成为“反面教员”，大会讲，小会说，触及灵魂，鞭策自己，收到事半功倍效果。三是通过奖赏既激励本人又影响他人，做到学有榜样，赶有目标，涌现更多遵纪守法个人。四是赏罚分明，树正气，刹歪风，正本清源。

3. 是制约违章的有效途径

对违章者进行必要的批评教育，是班组长的责任，但对不加悔改无视规章制度的，甚至是习惯性违章者，必须采取制约，不能叫其殃及池鱼，影响生产任务完成。我们通常的办法是罚款。即使这样，违章现象屡禁不绝，于是，加大了罚款力度，大凡企业都是这样做的，甚至是约定俗成。但是，光靠罚款不能医治百病，赏罚仍需创新，使班组成员做到心服口服。第一，经济处罚的本身，是限制其违章。每个班组成员上班都是为了养家糊口，维系生存，改善生活，这是天经地义的。如果不克服或不戒掉违章毛病，个人没发展，家庭生活也受影响。第二，处罚的本身是警钟长鸣，使班组成员痛改前非，争取不再违章，做遵章守纪的好工人。第三，杀一儆百，警觉他人。处罚的本身，不光是教育本人，也是教育他人。

4. 是弃恶扬善的好形式

有的班组长往往注重处罚，却忽视奖赏，这仅做对了一半。任何激励机制，都离不开奖赏。在生产过程中，或是发现安全隐患，或是避免事故发生，或是提合理化建议，关爱生命，关注安全，对于这样的班组成员，给予必要的奖赏，正是弘扬正气，弃恶扬善。奖赏的本身也是一种激励，然而，我们经常听到的是，这个被罚款了，那个受处分了，却很少有被奖赏的。因此，要做到赏罚分明，必须按赏罚条例办事，谁做出了成绩，把住安全关，理应受到奖励。凡在安全生产中做出了突出贡献的，给予一定的物质奖励，披红戴花，并号召大家学习他们，甚至给家属送“光荣匾”，做到家喻户晓，营造一种声势和氛围。

（三）应注意的问题

1. 赏罚不是万能的

把罚款当成灵丹妙药，大可不必，非但不能牢固树立安全意识，相反容易产

生逆反心理。在有些人看来，罚款是万能的，是把金锁，能制止违章。其实，并非如此。其理由有三：一是赏罚是管理手段，但并不是唯一手段，应与其他管理手段相结合，会收到较好的效果。二是应创造或尝试别的手段和方法，有利于制止违章，创造安全生产的软环境。三是对症下药，取得良好的疗效。我们有些班组长为图省事，发现班组成员违反赏罚条例，予以罚款，看似简单，但效果并不一定好。因为罚款不能包治百病，更不能杜绝违章，尤其是习惯性违章，虽多次罚款，但仍无悔改。所以，我们不能头脑过于简单，要分析违章的主客观原因，不给违章者创造条件，这是非常重要的。比如，某煤矿车场子距采掘工作面10余里远，时有违章蹬车的，即使罚款，也绝迹不了。后来采用矿车接送矿工上下班，违章蹬车现象消失了。由此可见，我们应开动脑筋，想办法，做到安全管理人性化、科学化。

2. 赏罚必须有度

“赏罚有据”“赏罚有信”“赏罚有度”“赏罚有方”等法则，很有哲理，这是必须恪守的。某个煤矿的井下安全员，罚款都定指标，就是说，完不成指标，得不到全额奖金。于是，安全员大开杀戒，这也罚款，那也罚款，弄得人人自危。尽管如此，违章现象仍时有发生。矿工与安全员之间易产生隔阂，对安全生产极为不利。任何事物都有个度，没有度，就失去标准，易产生极端，本来是好事，却产生相反的结果。班组长如何掌握这个度，大有学问。对轻微的、初犯的，予以批评教育。有的班组长，张口罚款，闭口罚款，极易引起组员反感。并不是说，为和谐而放弃罚款，主要有以下问题要引起注意：其一，掌握赏罚条例的尺度，过严不好，太松也不利。其二，罚有证据，令其心服口服。其三，该批评教育的，绝不罚款，这样有利于团结，有利于安全生产。其四，班组长应以身作则，倘若违章了，应自律，主动接受处罚，给组员做出好样子。总之，赏罚有度，正是体现赏罚分明，有利于企业班组安全文化建设。

3. 赏罚必须公平合理

“赏不避小，罚不避大。”用通俗的话说，就是认事不认人，敢于碰硬。第一，有过必有罚。一个班组必须讲究纪律，不能因这个人平时对我好或者是亲朋好友，有过就不惩罚，这样做很容易引起他人反感，甚至发牢骚，讲怪话。第二，有功必有赏。班组成员有功劳而不奖赏，会产生不服气的心理，以后就不肯立功，甚至造成上下离心离德，难以驾驭或领导。第三，双管齐下。赏与罚双管齐下，并且两手都要硬。班组成员取得成绩，给予肯定，不吝啬表扬；班组成员犯了错误，给予指正，先检讨自己是否教会了班组成员正确的工作方法。人无信而不立，法无信而不施。只有做到“赏不避小，罚不避大”，方能取信于班组成员，进而实现管理的目的，凝聚班心，鼓舞士气，开拓进取，特别能战斗。

4. 赏罚必须与其他管理相结合

赏罚是一种激励手段，也是一项管理制度。但不是唯一。班组安全管理的手段有很多，比如，安全绩效考核、安全生产责任制、民主管理制度等。以安全绩效考核为例，如因违章次数多，直接影响安全绩效工资，同样出工，付出的代价并不小，因违章劳动报酬却不一样。再如，安全生产责任制，考核每个组员是否尽到责任，也就是说，由于某个人的违章，而出现轻伤或重伤，使整个班组安全考核受到影响。通常有以下四个相结合。一是赏罚手段与安全绩效考核相结合。人人遵章守纪，个个注意安全。二是赏罚与安全培训相结合。凡是受罚者，或是习惯性违章者，都要进行安全培训，补上安全课，增强安全意识，使之不再违章。三是赏罚与评先相结合，对于经常受奖或受罚的，都是年终评先的依据。作为班组内部管理内容。四是赏罚与提拔任用相结合。企业干部源于生产一线，从班组长和成员中选拔，正是刺激工人扎根基层、扎根班组的积极性。总之，赏罚要与其他管理结合起来，才能收到较好的效果。

三、案例细说

捉 鬼 记

他是辽宁北票冠山煤矿负 320 新副井兼职安全员、绞车司机。

2004 年 12 月 25 日 14 时 10 分，他像往常一样，坐罐笼下到接班地点，来到新副井绞车房值班。不知为何，盲井下面的采掘工作面被迫停工。

绞车设在峒室内，阴冷阴冷的。按矿上规定，即使井下没活儿，司机都得守在那里，万一盲井有事，可以找到他。他像个哨兵一样，坚守岗位。

忽然，耳畔传来了似风似雨的奇怪声音，他狠劲地揉了揉耳朵，表情严肃起来。脱口骂了一句："活见鬼了，难道漆黑的井下，有鬼怪不成?"他咧嘴笑了，怎么会呢！怎么会呢?

他从操纵台上走了下来，又有似风似雨的声音，直往耳朵眼里钻，时断时续，时大时小，惊得他毛骨悚然。他鬼使神差地推开了门，顺着井筒（斜井）往下走。没走出多远，那声音消失了。他折回了绞车房。没过一会儿，又听到了那声音，他左找右看，觅不到声源，索性走出绞车房，手持矿灯，顺着井筒往下走，没走十几米远，发现井筒有水了。他骇住了，急忙后退，跑回了绞车房。正在这时，那声音变大了，像山洪暴发，水势异常凶猛，巨大水流从负 240 水平喷涌而出。

他操起了电话，立即将这个情况向调度汇报，正在值班的矿总工程师得知情况后，以最快速度向上级汇报，并发出“立即撤人，确保工人安全”的命令，抢得了时间，井下作业的300多人全部撤离。打完了电话，他僵住了，自己怎么逃生？他是老司机，对矿井巷道了如指掌，按原路是回不去了。他灵机一动，另辟蹊径，冠山矿与台吉矿两对千米竖井的巷道是相通的。他费尽了周折，从台吉矿爬了出来，算捡了一条命。矿井涌出的地下水，竟然把两矿之间的保护煤柱泡开了，致使冠山矿被淹了，为此，停产了很长时间。

他发现了重大安全隐患，由于汇报及时，采取了措施，救了300多条生命，避免了一次特大伤亡事故发生。矿上给他奖励，钱虽然不是很多，但他却成了矿上英雄。

过后，有人问他，“你捉住了鬼吗？那鬼是什么样的？”“似风似雨，像蛟龙一样。”

他名叫张国志，是个老矿工。

安全知识测试

四、安全知识测试

1. 测试题

（1）职业病防治工作的方针和原则是________，实行分类管理、综合治理。

（2）对于工伤事故中停止呼吸和心跳的伤员，在________ min内抢救成功率极高。

（3）建筑物起火的5～7 min内是灭火的最好时机，超过这个时间，就要________。

（4）用人单位强令劳动者违章冒险作业，发生重大伤亡事故，造成严重后果的，对责任人________。

（5）人体允许通过的安全电流，男性为9 mA，女性为6 mA。电流为50 mA时，将危及人的生命，称为________。

（6）全国消防宣传日是________。

（7）安全色分类及其含义：红色，______；蓝色，______；黄色，______；绿色，______。

（8）使用灭火器扑救火灾的方法是________。

2. 答案

（1）坚持预防为主、防治结合　（2）5　（3）设法逃离火灾现场　（4）依法追究刑事责任　（5）致死电流　（6）11月9日　（7）禁止标志　指令标志　警戒标志　提示标志　（8）左手捏手柄，右手拉拉环，将喷头对准火焰根部喷射

五、安全谜语

1. 谜语

（1）引爆前一定要小心（一字）
（2）解除戒严（杂志名称）
（3）倾城之灾（建筑事故）
（4）万事俱备借东风（事故名称）
（5）回（防护用品）
（6）体检（三字用语）

2. 答案

（1）灯　（2）消防　（3）倒塌　（4）烧伤　（5）口罩　（6）查隐患

第十六章

手指口念练内功

一、相关漫画

"手指口念"不过时

二、手指口念精讲

(一) 手指口念的含义

手指是指操作或亲自实践；念或叫诵，是为了加深印象，端正自己行为，修好自己。通俗地讲，手指口念就是手在操作，嘴在念着，一个动作，做上十遍百遍千遍，非但会做，且熟能生巧，精益求精。手指口念已有历史渊源，由来已久。古往今来，各行各业，都是通过这种方法，让绝技、绝招和绝活流芳百世，如陶瓷、锻造、刺绣、纺织等。具体方法有以下 4 种：

1. 班组长言传身教

一朵鲜花不是春，万紫千红春满园。班组长应是多面手，把其专长和绝技传授给组员，使他们掌握过硬功夫，成为能工巧匠，优质安全高效地完成企业交给的各项生产任务。应该说，企业中的技术大拿、技术标兵、技术能手多是靠手指口念培养出来的。他们像接力棒一样，又将绝招、绝技和绝活传授给他人，使其后继有人，继往开来。比如，纺织系统的西风轮纺织股份有限公司（原西北国棉一厂）细纱车间乙班四组“赵梦桃小组”正是靠手指口念，培养一批优秀细纱工，19 人获省、部级技术标兵、操作能手称号。

2. 技术能手言传身教

三人行，必有我师。生产班组中有很多技术尖子，请他们当老师，结成帮教对子，建立师徒关系，千方百计培养新工人。比如，青岛码头桥吊司机许振超，练就了“一钩准”“一钩净”“无声响操作”等绝活，并模范地带出了“王啸飞燕”“显新穿针”“刘洋神绳”等一大批具有社会影响的品牌。这种方法的好处是：一是合理利用本班组技术资源，提高生产力水平。比如，某采煤队液压支架技术能手，他指着液压支架做着示范，手里干着，嘴里念着，反复多次，花费时间少，一举多得。二是随时随地传授，简单方便，易学易懂。三是结合本岗实际，直接应用到实际工作中，技术能手或先进操作法像滚雪球一样传播开来。四是带出一批技术能手，有利于“十年树木，百年树人”。

3. 独自练习，提高技艺

大多数绝技，都源于内功。其好处有三：一是专心致志。在家练或在单位练均可，既不影响他人，又能一门心思苦练。二是坚持不懈。一个年轻刨工，他给绞车刨键。这个活儿，难度很大，键大了，放不进槽里；小了，不起作用。往往在绞车检修期间，时间紧，任务重，没两下子，揽不了这瓷器活。他勤学苦练，练校尺寸，经过多次训练，终于成了工厂的刨键能手。三是永不言败。常言道，

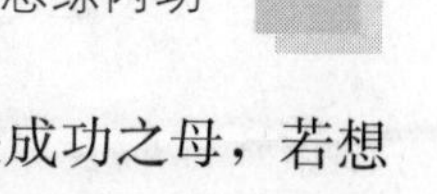

神枪手是子弹喂出来的，优秀体操运动员也是百炼成钢。失败是成功之母，若想取得成功，就要不怕失败，善于总结经验教训。可想而知，那些技术大拿，不知付出了多少心血和汗水。

4. 他山借石

外请技术能手或专家，手把手地教，待功成名就，再由他教别人，采取滚雪球方式，带出一批技术尖子。这种方法很值得效仿，这也是培养技术人才的有效途径。其好处是：万变不离其宗，手指口念。

（二）手指口念永不过时

企业的自动化、电气化、信息化，并不等于废除手指口念。有人对手指口念产生了误解，以为形势发展变化了，这种方法是老掉牙了，过于陈旧了，言外之意，就是过时了。事实证明，并非如此。其理由如下：

1. 提高组员素质方法之一

驾驭现代化企业，是需要那些有责任心、懂技术和心系安全的人。职工素质从何处而来，不是从天上掉下来的，更不是自己头脑所固有的，而是从生产实践中来。手指口念就是其中的方法之一。比如，数控车床，只要给出命令，就能得到所要的零部件。然而，往往有人犯了低级错误，命令给错了，零件却报废了。按说，操作工要文化有文化，要技术有技术，年轻有为，头脑好使，那么，问题出在哪里？主要是心手不合一，不同步，出现问题在所难免。职工素质从何而来，练硬功，身怀绝技；抠细节，从细微之处做起；不失误，成功率百分之百。提高组员素质，离不开手指口念。

2. 夯牢基本功

检验操作工技术水平如何，不光看平时，还要看关键时候是否临危不惧，沉着冷静，并能做出惊人之举。比如，杭州长运集团司机吴斌驾驶从无锡开往杭州的大客车，在途经沪宜高速公路时，突然有一铁块从空中飞来击碎车辆前挡风玻璃，再砸向吴斌的腹部和手臂，导致吴斌肝脏破裂及肋骨多处骨折，肺、肠挫伤。在危急关头，吴斌强忍剧痛将车辆缓缓停下，拉上手刹、开启双闪灯，完成一系列完整的安全停车措施，并告知车上旅客注意安全，然后打开车门，安全疏散车上的24位旅客。吴斌的可贵之处，就是在危险来临之时，能做出一般人所做不出的规范动作，其扎实的基本功，源于他的手指口念。练就基本功，不知流了多少汗水，付出多少艰辛，水到渠成，关键时刻不掉链子，甚至转危为安，化险为夷。手指口念是夯实基本功的有效方法之一。

3. 驾驭高科技

企业的高科技并不等于可以废除手指口念。其中原因有三：一是高科技是由人发明创造的。二是高科技又是由人来驾驭的。三是高科技失误造成的损失极其惨重。以航天员刘旺为例，之所以神九和天宫成功手工交会对接，没有1 500次训练，不可能获得如此的科技成果。越是高科技，越要手指口念，不厌其烦，反复训练，精益求精，做到万无一失。手指口念并非可有可无，在科技发达的今天，仍有必要提倡用这种方法培养精英。

4. 培养精兵强将之路

组员要做到应知应会，最便捷最行之有效的方法之一就是手指口念。有很多技术能手大都是经过这样的培养和锻炼。比如，原北票煤矿冠山矿四二二采煤队马士俊，是打矿柱能手。手把手教徒弟，他手指矿柱，嘴里念着“打柱经”：头锤轻，二锤重，柱打实，心要正。徒弟经过严格训练，矿柱打得实，个个能拉得出，打得赢，保证采场不冒顶，组员生命有保障。班组长能否带出精兵？关键是否坚持手指口念，加强实地训练，培养出一支无坚不摧的队伍，承担高精尖的任务，且能做到优质高效安全。

（三）班组安全文化建设需要

事实证明，有远见的班组长都会用手指口念方法培养和训练员工。换句话说，没有这样的刻苦训练，很难提高员工素质，更别奢求完成各项任务。

1. 手指口念，适合所有工种和岗位训练

不管是车钳铣铆电焊，还是其他岗位、其他工种，均适合这种方法。比如，煤矿的掘进工，打炮眼是门学问，为让年轻人掌握，往往采取一帮一的做法，掏槽眼怎么打，底眼角度有多大，这是门学问。有些班组长，手把手地教，掌握其要领，崩出断面齐刷刷的，质量又好，又节省火药雷管。别说员工是这样培养，连体育健将都是如此。所以说，手指口念适合各企业各工种各岗位不是没有道理的。

2. 手指口念，适合所有工种和岗位训练

优秀的班组之所以优秀，主要是班组成员掌握科学技术，练就一身硬功。有些生产班组，人员不固定，随进随出，对新工人，采取言传身带，手指口念，花费时间少，又能独当一面，达到事半功倍效果。别说企业有些工种是这样，连航天员的训练也是如此，不经过千锤百炼，岂能成为一块好钢。

3. 所有岗位工都适用于这个方法

企业犹如一台大机器，岗位工是机器上的零部件，一旦零部件出现故障，整个机器就玩不转了。因此，岗位工显得非常重要，他们像哨兵一样，把守各个关口。比如，化工厂的管路工，一个车间有上千个阀门，假设某个阀门发生泄漏，如何处置，并非那么简单。阀门拧多少扣，才算到位。别看拧阀门很简单，但大有学问。学问从何而来，手指口念。

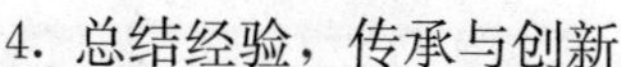

4. 总结经验，传承与创新

既然手指口念方法如此重要，应引起企业的高度重视。一要总结经验教训，取长补短。哪些方面应发扬光大，哪些方面应加以改进。二要他山借石，不断修改、完善，力求系统化、科学化。三要创新、推广。所谓创新，利于手指口念，利于事半功倍，利于全面推广。总之，手指口念应纳入岗位培训方法，应是提高员工素质的重要手段，万万不可失传。

三、案例细说

打　矿　柱

说来话长了，那年我中专毕业，分配到辽宁北票冠山二井四二二采煤队，当上了采煤郎。

这个采场，是单一长臂工作面，大约百米余长，二十几度坡，煤层一米多厚。当时有个说法，煤是用木头换。因为顶板支护，全都用矿柱。矿柱夯得不牢，顶板会有冒落可能。矿工的安全系在矿柱上。我借着矿灯，从头碴往末碴看，一排排矿柱，多像威武雄壮的哨兵，守护矿工的安全。

在我看来，打矿柱是个粗拉活，没啥学问。当时，马师傅带着我，我像他一样，左胳膊夹根矿柱，右手拿着大锤，很像个矿工。我挖好柱窝，再栽上矿柱，“当当”两下，声音在采场回荡。满以为打好了，谁知，师傅马士俊用手活动一下，没费多大劲，那矿柱就倒了。我脸“喷”地红了。觉得很丢人。师傅重新栽上矿柱，指着矿柱说：“头锤轻，二锤重，柱打实，心要正。”我一边念着，一边打着矿柱。打完后，他再晃动一下，呵，那矿柱像孙悟空的定海神针一样，稳如泰山。我见他笑了。

接着，我打了第二根、第三根，他一一检查，基本达到要求。我心里乐开了花。

这天，刚用风镐支完煤，又该打矿柱了。我仍跟师傅打矿柱。他仍对我手指口念，我心里觉得好笑，师傅呀，我老大不小了，掌握打矿柱要领，何必那么操心。我栽上矿柱，头锤重了，矿柱却倒了。师傅看我一眼，笑了笑。我有些抹不开，脸臊得通红。

我们刚支完煤，采场老顶来压了，有十几根矿柱，被压得吱吱扭扭地叫，有的跳起了“迪斯科”，师傅带领几名老师傅，蹭、蹭、蹭地窜到出事地点，补了一根矿柱又一根矿柱，没过半个时辰，采场安静下来。我问师傅，“为何发生这种现象?”师傅摘下毛巾，擦了擦脸上的汗水，冲着我眯眯笑。我凿死铆子，他还未回答我的问题呢？我看了他一眼，很想再问一遍，师傅看出我的心思，没有说话，他用手搬了搬矿柱，意思再明白不过了，原来是矿柱没打牢，老顶来压力了，柱子扛不住劲了，采场要起小孩子脾气了。

过后，我照这个办法做了，矿柱牢牢栽在那里，我晃了晃，纹丝不动。一连打了几天矿柱，不知是矿柱被我驯服了，还是师傅的打柱经起作用了，师傅拍着我的肩膀，意思说，我会打矿柱了，过了打矿柱关。再后来，我师傅被评为全国劳动模范。做矿报记者的我，特意到井下采访。我提起打矿柱的事，他笑了笑说："这是二十年前的事，你还没忘呢?"我说："别看我在井下时间不长，但我打矿柱，不是力巴，还能顶个数。"

说着，我竖起一根矿柱，嘴里念着"打柱经"。那一招一式，很带派，不是白帽子，够格的采煤郎。师傅仍像以往那样，眯眯笑。

又该打矿柱了，队里补进一批新矿工。他们年轻力壮，打起矿柱来，那姿势，酷像师傅。我禁不住念起打柱经：头锤轻，二锤重，柱打实，心要正。

那些年轻矿工听后，惊愕地瞪起眼睛，发出了疑问，你也会念"打柱经"?

师傅乐了，他指着我说："呵呵，他也是我的徒弟。"

我听了，美滋滋的，因为我有这样的师傅，感到无上光荣。

话又说回来，手指口念，早在半个世纪前，师傅就用手指口念带徒弟，非但教我打矿柱，还会支风镐，处理险情。

手指口念应是无价之宝。

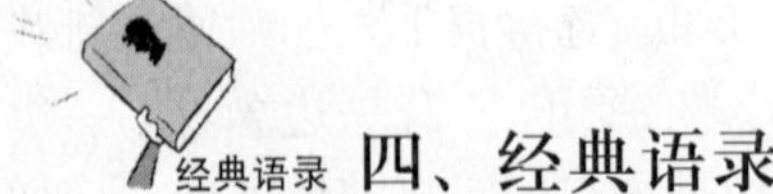

四、经典语录

(1) 建筑工人要知道，安全二字最重要。高空作业危险大，严守规程危害小。人人戴好安全帽，违反规程不得了。安全警钟要长鸣，个个当好安全哨。

(2) 安全三件宝，一样不可少。戴好安全帽，不怕砖石掉；挂牢安全网，作业心不慌；挂上安全带，掉下摔不坏。

(3) 枕头风，似警钟；多嘱咐，常叮咛；莫疏忽，莫乱行；安全好，人心定。

(4) 忽视安全生产的人，就是忽视自己幸福，珍惜安全的人就是珍惜自己幸福。

(5) 安全隐患不除，犹如堤坝决口，随时给人们带来灾难；警钟不长鸣，犹如盲人骑瞎马，随时掉进万丈深渊。

(6) 劝君学习安全谚语，警钟长鸣利人利已。

五、安全知识测试

1. 测试题

（1）何谓手指口念?

（2）手指口念的方法有几种?

（3）讲一讲你们班组手指口念的故事。

（4）手指口念秘诀有哪些？举例说明。

（5）手指口念过时了吗？举例说明。

（6）是否把手指口念作为培训方法之一?

（7）你所在企业是否重视手指口念?

（8）手指口念为何是班组安全文化建设需要?

2. 答案

（1）所谓手指口念，手指，即操作，或亲自实践。念或叫诵，是为了加深心里印象，端正自己行为，修好自己。

（2）有 4 种：班组长言传身教；技术能手言传身教；独自练习，提高技能；他山借石。

（3）略。

（4）比如，“头锤轻，二锤重，柱打实，心要正”。

（5）没有过时。

（6）理由有 4 个：一是适合所有工种和岗位训练；二是夯牢基本功；三是驾驭高科；四是培养精兵强将之路。

（7）结合企业谈看法，把手指口念作为企业管理一项内容。

（8）手指口念适合所有工种和岗位训练；手指口念适合所有工种和岗位训练；所有岗位工都适用于这个方法；总结经验，推广传承。

第十七章

分兵把守保平安

一、相关漫画

分兵把守打硬仗

二、分兵把守精讲

（一）何谓分兵把守

每个班组都犹如前线上的一个阵地。根据分工，每个组员各据一方，各司其职，分兵把守，处处设防，像铜墙铁壁一样牢不可破。班组不出任何事故，以保证班组成员的生命安全，达到高效优质，真正成为企业的细胞。

1. 坚守岗位

班组如同一台机器，每个班组成员为机器上的零部件或螺丝钉。倘若哪个脱岗了，整个机器处于瘫痪状态，不能正常运转。一个班组有十几个人甚至几十个人，一个萝卜一个坑，缺一不可。基本要求是：第一，按时上岗，做到不迟到，不早退。上岗后，要检查所操纵的机器或工具，是否存在安全故障；所处的劳动和工作场所，是否有安全隐患；检查劳动保护用具，是否佩戴好；认真做好交接班记录，发现问题，及时处理。第二，遵守操作（作业）规程，不能由着性子干，不能擅离职守，要恪守纪律，像哨兵一样坚守战位。第三，尽职尽责，善于发现问题，及时解决。第四，像战士一样爱护所使用的设备和机器。要精心保养，不拿设备或机器撒气，不放过任何安全隐患，保证设备完好率。做到“拉得出，开得动，打得赢”，特别能战斗。

2. 把握自己

所谓把握自己就是做好本职工作，并做到极致，为企业贡献一份力量。一般工人，应具备五种精神：一是知难而进精神。遇到困难，不打退堂鼓，勇往直前。即：没有过不去的坎，没有翻不过的火焰山，千方百计完成生产任务。二是诚实守信精神。讲究职业道德，兑现承诺，说老实话，办老实事，做老实人。三是开拓进取精神。与时俱进，不因循守旧，坚持小改小革，提合理化建议。做工人应该像许振超那样，争当时代精英，名扬国内外。四是严细成风精神。在细节上做文章，不放过任何蛛丝马迹，不给安全隐患开绿灯，对质量精益求精。五是团结互助精神。非但做好本职工作，而且还要帮助他人，传授技艺，掌握生产技术。要严于律己，宽以待人。

3. 不出差错

在工作中，难免出差错，要做到少出差错或不出差错，是非常困难的。然而，有的人老是出差错，非但班组长增加忧虑，而且班组成员也跟着提心吊胆。由这样的人“站岗放哨”，怕是放跑了安全隐患，事故连连。其一，因操作失误，出了废品，影响班组的声誉。其二，因马虎大意，放纵了安全隐患，险些发生事故。其三，因违章施工，影响工程质量，没有达产达标。总之，要想做个合格的“哨兵”，不能出现任何差错，尤其是社会大生产，哪个环节掉链子，就会产生不良效果。要想做到不出差错，必须精力集中，一门心思干好工作，不能这山望着那山高，更不能朝三暮四，想入非非，要严格要求自己。

4. 当好安全哨兵

每个班组成员都是“哨兵”，能不能坚守阵地，能不能闯关夺隘，关键要看班组成员的素质了。所谓分兵把守，就是每个班组成员行使哨兵权力，把好关，不出现任何安全隐患。有的哨兵失职，结果酿成伤亡事故。某掘进队准备放炮，班长叫某某放警戒，他用红布把矿灯捂上了，或许是后半夜两三点钟，他睡着了，把人放了进去，结果可想而知。要树立安全意识，不能说在嘴上，而是落实到工作中。就班组而言，每个班组成员都是哨兵，承担其站岗放哨任务。假如某个哨兵失职，放跑了安全隐患，势必影响整个班组安全。只有每个班组成员都发挥作用，分兵把守，才能尽到哨兵的责任。

（二）分兵把守之重点

1. 关键岗位

关键岗位主要是指严重影响产品质量，容易引起顾客投诉，影响安全生产的岗位。由于各班组所从事的工作不一，关键岗位也有所区别。那些直接从事铸造的工人，他们的一举一动，直接影响产品质量和人身安全。比如，在浇注前，水、冒口的设置，砂箱严实与否等。我们说，分兵把口，是指这些关键岗位的工人，是否严格操作规程，不能有任何怠慢和马虎，他们一旦出了问题，皆影响全班的生产和安全。因此，应该对关键岗位列为安全重点，班长要勤于检查，是否尽职尽责，是否存在安全隐患，还有兼职安全员也要把监督的重点放在关键岗位的工人身上。没有重点就没有成功。关键岗位就是安全重点，千方百计地创造安全条件，避免和减少各类事故的发生。

2. 重点工种

所谓重点工种是指在企业承载重要的工作，他们的工作好坏，决定企业产品质量以及效益和安全。所以说，重点工种应是分兵把守的重点。以煤矿为例，在采掘生产一线的，都属于重点工种。把不住采掘一线安全关，势必会出事的。往往煤矿事故都集中在采掘一线发生。究其原因，大体有以下三个：一是安全生产投入不够，尤其是小煤矿，采掘环境差，甚至不具备开采条件，给安全生产留下诸多隐患。二是对采掘一线重点保护不够，尽管企业采取很多措施，比如，“一通三防”管理，还有监控系统，如果不按规矩办事，甚至违章作业，各种事故接踵而至。三是没有把握住采掘一线，也就是重点工种的安全管理，给事故钻了空子。为何对重点工种分兵把守，是因为有薄弱环节，极易出现安全问题，可以这

样说，把握住重点工种就等于保证安全生产。放松对重点工种的管理，就等于动摇安全管理基础，肯定会发生事故的。

3. 重点时段

重点时段是指最容易懈怠或犯困的时间。一般企业生产采用三班倒，即 24 h 不间断作业。如何把住重点时段不出事，应是分兵把口的重点。通常来说，有以下重点时段：一是交接班时间。下班的忙着回家，上班的还没进入状态。这个时段比较混乱，弄得不好，最容易出事。交班的和接班的班长要负起责任，不能因为交接班而放松安全管理甚至酿成事故。二是班长开会或有事没到岗。群龙无首，随心所欲，放松监督，给安全隐患以可乘之机。应该提倡大庆人的精神，做到“四个一样”：即黑天和白天一个样；坏天气和好天气一个样；领导在场和领导不在场一个样；没有人检查和有人检查一个样。三是凌晨三点多钟是犯困的时间，这个时段也容易出安全问题。应对上夜班的工人进行安全教育，白天要睡好觉，夜班不至于犯困，这是做好安全工作的保证。四是节假日前后，也是分兵把守的重要时段，主要表现是精力不集中，心不在焉，老想着走亲访友或旅游，很容易出差错。以上四个时段，应注意分兵把口，把事故消灭在萌芽之中。

4. 重点设备

所谓重点设备是指制约企业正常生产的设备。尤其是大型生产线，重点设备显得尤为重要。正因如此，应全力保护其安全运转，不出现任何故障，否则，一旦要起熊来，整个企业处于瘫痪状态。比如煤矿，上至绞车、通风机、水泵，下至掘进机、采煤机等。它们是企业生产的关键设备，维护它们的安全，正是保证工人的生命安全。再比如，大型铸造厂的变电所，突然停电了，不能浇注或浇注半道，不但影响产品质量，相反对工人安全不利。我们把握住重点设备，正是把握企业的心脏，保证工人的生命安全。因此，重点设备有专人负责维修和保养，不能带病运转，发现问题，及时处理，保证设备的完好率。

（三）履行责任

1. 各司其事

每个组员都要做好本职工作，完成所必须承担的各项任务。要做到各司其事，应做到以下几点：一是以企业为家做主人，像给自己家做活那样，兢兢业业，埋头苦干，任劳任怨。二是交给自己的任务必须完成，不讲客观，不讨价还价，真正尽到主人责任。三是摒弃“各扫门前雪，不管他人瓦上霜”，既要做好自己，又要帮助他人，树立一盘棋思想。四是今日事今日毕，不拖拖拉拉，不拖泥带水，不得过且过，不为他人留隐患，不给他人添麻烦。五是干就干好，不要当一天和尚撞一天钟，干主人活，做主人事。六是保护自己，安全第一，不要今天碰手，明天砸腿，小伤不断，老叫家人操心，他人担心。七是不违章，不惹麻烦，不抹黑，为班组争光。说到底，就是把自己的事情做好。

2. 责任到人

首先要明确责任。班组长有班组长的责任，组员有组员的责任，不能一锅烩，分清责任，要丁是丁，卯是卯，不能含糊，责任到人。要做到分兵把守，必须按责任制办事，比如车工，车工有车工的操作规程，严格责任制。具体来说，责任到人，一是安全到人。怎样做才能安全生产，怎样做是违章，要清清楚楚，明明白白。二是任务到人。工人以完成任务为光荣，以做好本职工作为责任。三是质量到人。质量关系到安全，关系到效率，关系到班组的荣誉，不能有丝毫马虎，凡发生质量事故，要追查责任。四是规章制度到人。有些规章制度条款，非但班组长和组员应知应会，而且还要融会贯通，严格执行。五是赏罚到人。按赏罚条例办事，该赏则赏，该罚则罚，利于调动组员积极性和创造性。六是当好安全第一责任人。班组长是班组安全第一责任人，必须率先垂范，做遵章守纪的模范，其一举一动、一言一行，直接影响班组的生产安全。同时，班组长还要善于管理，形成合力，把安全工作做到家。

3. 措施得力

要做到分兵把守，不是说在嘴上，要落实到行动上，需要有措施来做保证。通常的办法如下：第一，自律意识，落实责任。自律说起来容易，实际做到是很难的。班组长要负起责任，加强安全教育，把规章制度烙在心坎上，融化到血液中去。在任何情况下，都要坚守阵地，不违章违纪。第二，民主讲评制度。利用班前会（安全戴帽）进行民主评议，谁守住阵地，没有安全隐患；谁放松警惕，漏洞百出。督促大家遵章守纪，不出任何差错。第三，安全培训制度。通过电视广播以及班前会，利用班前或班后进行教育，既生动具体，又要有说服力。第四，利用事故案例，有针对性的教育。既用本班或厂矿的正反典型安全案例，也可他山借石，促使组员安分守己，遵守劳动纪律。

4. 严格考核

通过严格考核，使班组成员做到分兵把守，严格岗位责任制。通常的办法如下：一是考核岗位责任制要泾渭分明。每个班组成员是否按岗位责任制要求去做，哪个地方出格了，哪个地方做得好，该奖的要奖，该罚的要罚，不能和稀泥。二是考核与奖金挂钩。对违反规定者，采取“割肉”（扣奖金）的办法，使得违者幡然醒悟。同时激励遵章守纪者，利于安全生产。三是考核与评先或升迁挂钩。凡是做得好的，都应该受到奖励，并与年终评奖挂钩，与提拔干部挂钩，刺激安全责任制的落实。四是考核纳入班组安全管理内容。考核既是一种手段，又是安全管理内容。通过考核，更加规范其安全行为，自觉遵章守纪。五是考核与建设班组安全文化挂钩。考核的本身，就是规范安全行为，就是惩前毖后，治病救人。在某种意义上讲，每个班组成员做好自己，就等于分兵把守，消除各种安全隐患，创造安全生产的生动局面。

三、案例细说

飞来的横祸

这起爆炸事故过去很多年了，每每想起，我仍心有余悸，那惨烈的场面，仍历历在目。

事故地点发生在北票煤矿总机厂的废钢堆旁。五名女工像往常一样，手持电焊把，戴着电焊帽，把大块的废钢切割开，以便投入炼钢炉里。她们确实很能干，班长叫她们咋干，她们就咋干，特别是那位胖姐，非常能干，天天是汗流浃背，深受女工们崇敬。

说到废钢，那是炼钢炉的原料。而废钢都是收购来的，可以说，五花八门，啥形状都有，有长的、扁的、圆的，凡块大的都得割开，否则投不进钢炉里。不知为何，废钢堆里却多了几个锈迹斑斑的圆蛋蛋，谁都没有把它放在眼里。

这天上午，这五名女工像往常一样，挥汗如雨，割好的废钢堆成小山似的。

胖姐眼下是个大钢块子，切割了一块又一块，非常费力。

这时，班长走过来，对她说："别垫那个圆蛋蛋。"胖姐没吱声。继续切割，将那个大块钢大卸八块。垫在下面的圆蛋蛋，烧红了，像个火球。时刻威胁着她的生命。她像没事似的，仍在切割钢块。不知是累了，还是切割得差不多了，足够炼钢用了。那四个女工却到废钢堆外面休息去了，唯独胖姐仍在切割。

据说，以前也见着过圆蛋蛋，谁都没把它放在眼里。其实，那是埋在地下的地雷，是日伪时期残留在北票的。然而，却没有人把它挑出来，更没有人把它当回事。

如果胖姐在切割废钢时，班长把住安全关，把那个圆蛋蛋挑到一边或放到安全的地方，也不至于发生爆炸事故。然而，大家对此是习以为常。

胖姐割下最后一块钢，只听"轰隆"一声，那圆蛋蛋却爆炸了，胖姐躺在血泊里。一起不该发生的事故，就这样发生了。如果人人分兵把守，恐怕不会发生这样的伤亡事故。

看来，分兵把守并不难，难的是不把安全当回事。

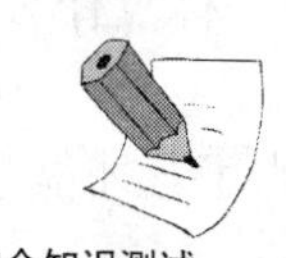

安全知识测试

四、安全知识测试

1. 测试题

（1）煤矿企业的管理人员对煤矿事故隐患不采取措施予以消除，________，依照刑法有关规定追究刑事责任。

（2）煤炭管理部门和有关部门的监督检查人员进行监督检查时，________。

（3）煤矿企业、煤炭经营企业和用户对依法执行监督检查任务的煤炭管理部门和有关部门的监督检查人员________。

（4）任何单位或者个人不得危害煤矿矿区的________、________、________、________及其他生产设施。

（5）煤矿企业使用的________、器材、________和安全仪器，必须符合国家标准或者行业标准。

（6）煤矿企业必须为职工提供保障安全生产所需的________。

2. 答案

（1）发生重大伤亡事故的　（2）应当出示证件　（3）应当提供方便　（4）电力通信　水源　交通　（5）设备　化工产品　（6）劳动保护用品

安全小故事

五、安全小故事

1. 马虎误事

小蚂蚁和往常一样在森林里觅食。他找呀找呀，终于找到了一个非常好的食物。又大又香，可惜他搬不动。

他想："这么大的食物是我一个人发现的，我一定要把它告诉其他人，让大家一起来搬。"说着他便开开心心地往回走。

小蚂蚁到家后，把这个好消息告诉了所有人。大家都感兴趣地围了过来。可是当别的蚂蚁问他食物地点的时候，他却支支吾吾说不清了。原来，小蚂蚁一时兴奋，忘记了沿途做记号了。

小蚂蚁后悔极了，因为自己的粗心使大家错失了分享美餐的机会。他发誓下次再也不粗心了。

2. 安全与生命

一天，生命问安全："你是谁？你为什么总是跟随着我？"

"我是你的搭档啊"安全说。

生命不屑地摇摇头："浩瀚星空中，我是最智慧和最宝贵的精灵，你算什么，你怎么配做我的搭档？"

望着生命高高在上、无所谓的表情，安全低叹：唉，你非要上当了，才能学会"后悔"二字怎么写的吗？

生命孤傲地独自而行。

于是，在漫长的生命历史长河中，多少生命就这样轻飘飘地消逝了。

第十八章

化解矛盾和谐经

一、相关漫画

心锁

二、化解矛盾精讲

(一) 矛盾无处不在

1. 存在于生产过程

既然有生产活动，就会有各种矛盾产生。班组成员与班组成员之间、组员与班组长之间会因为安全、生产、技术以及设备的管理会发生种种分歧，如果处理不当，势必影响组员的情绪，继而影响生产的进度、产品的质量以及安全生产。作为班组长来说，必须学会化解矛盾，大家齐心合力，心情舒畅，完成各项生产任务。有两个问题值得重视，一是尽量减少或避免矛盾。班组长应统揽全局，科学分工，有条不紊地组织生产。遇到问题不能绕着走，要敢于正视矛盾，又要及时处理，不留后遗症。二是有了矛盾应及时处理解决，不要积重难返，甚至爆发口角，影响班组内部团结。每个班组成员在生产中，产生这样或那样的看法，这并不为怪，其目的都是为了优质高效地完成任务。出现这样那样的分歧，都是难免的，班组长要大度，既要学会软处理，又要以理服人，多敲“当面锣”，不击“背后鼓”，把矛盾消灭在萌芽之中，不要赌气作业，如果赌气作业会适得其反，会出安全事故的。

2. 发生于分配过程

分配不公容易引起矛盾，处理不当极易激化矛盾。班组长必须一碗水端平，一是一，二是二，不要偏袒一方，有亲有疏，要一视同仁。由于班组性质不同，劳动强度不一，分配原则有所不同，要避免或减少矛盾发生，大体遵循这样几条原则：一是贯彻“各尽所能，按劳分配”原则。二是按班组民主管理制度办事，班组长不能有随意性，更不能熊瞎子打立正——一手遮天。三是应当遵循公开、公平、公正的原则。不要暗箱操作，更不能由少数人说了算，要征求大家的意见。四是打破大锅饭、平均主义，真正做到多劳多得，不劳不得。实践证明，有的班组因分配出了问题，发生了矛盾，挫伤了班组成员的积极性和创造性，甚至影响班组的生产进度、质量以及安全。要减少不必要的矛盾，必须坚持以上 4 条原则，做到心齐气顺，步调一致得胜利。

3. 产生于赏罚过程

应力戒在评功授奖过程中，出现这样或那样的矛盾。必须清楚，为啥对某某人予以奖励，为啥对某某人进行处罚，这是由赏罚的条例决定的。倘若失去原则，极易出现分歧，甚至闹出矛盾。比如，上级给某班组一个安全标兵的名额，没经组员讨论，班长将其名额给了某个人，结果造成了矛盾，应该获得此殊荣的没有得到，自然影响这个人的情绪。不难发现，在日常生产活动中，班组风平浪静，临到年终评奖，则产生了矛盾，有的撂挑子，有的泡病号，甚至产生矛盾，要减少矛盾的发生，必须遵循以下 3 条原则：一是赏罚的条款必须明确，做到家喻户晓，人人皆知。二是赏罚时必须坚持透明、公开。不能暗箱操作。三是赏罚必须是有突出贡献或违章造成经济损失及人员伤亡者。这 3 条原则，班组长非但要遵守，而且要以身作则，不要揽功推过。之所以产生这样或那样的矛盾，主要是班组长不尽责。

4. 产生于认识过程

一个班组，有十几人或几十人，不可能什么问题都没有，有问题不怕，怕的是不敢见阳光。除了以上原因外，还有个易被忽视的问题，那就是思想认识问题，由于文化水平、阅历以及从事工作长短，对某些问题认识不一，容易产生分歧。然而，认识问题靠罚款是解决不了的，必须予以疏导，加强思想政治工作，提高认识，解开疙瘩，轻装上阵。通常的办法是：第一，结合班组成员思想实际，加强安全教育，牢固树立安全意识。第二，开展走访谈心活动。人心是肉长的，相互之间需要沟通，需要理解，需要多作自我批评，尤其是班组长，更应如此。第三，预防法。无水先垒坝，班组长要掌握组员思想动态和可能会发生的问题，有思想准备，提前打“预防针”，把工作做在前头，采取有效的措施，把问题解决在萌芽之中。总之，由于认识问题产生的矛盾，不能打压，不能罚款，不能堵塞言路。旧的矛盾解决了，新的矛盾产生了，我们的思想工作永远不能停止。

（二）产生原因

1. 处罚存在偏差

哪个班组成员心甘情愿受处罚？有的想不通，有的发牢骚，有的破罐破摔，有的不从自身找原因，甚至同班组长结下了纠葛。这里有几个问题，值得研究，一是处罚不合理，即尺度掌握不够，或出现偏差。同样违章，有的罚 100 元，有的罚 200 元，数额不一，导致班组长跟班组成员或安全员与班组成员产生隔阂甚至争吵，搞得不欢而散。二是处罚过滥过多，有的班组长不善于做思想工作，以理服人，而是挥舞罚款大棒，这个要罚，那个要考核，好像罚款是万能的，搞得人人自危，很不利于班组团结。三是处罚手段单一，没有同其他方法结合起来，很容易产生矛盾，甚至是逆反心理，越罚越违章。由于后续工作没跟上，非但罚款制止不了违章，相反违章现象有所增加。四是用罚款代替思想政治工作，不从思想上解决违章问题，到头来，是按下葫芦浮起瓢，事倍功半。

2. 奖金分配不合理

对于班组成员来说，奖金分配是件大事，如果分配不合理，极易产生矛盾，甚至影响安全生产。一般来说，根据生产任务、安全状况、工程质量、文明生产等日常考核情况进行奖金分配，并由班组成员全程监督。奖金分配很有学问，弄得不好，就会产生矛盾，主要表现在以下方面：一是分配不合理，干好干坏一个样，很影响情绪，不利于调动组员积极性，甚至产生消极因素，对班组建设极为不利。二是分配不透明。每个班组成员心里都有个小九九，按照规定，应该得多少，心中有数，如果班组长违背规定，甚至有亲有疏，势必影响内部团结，个别的爱凿死铆，非要理论一番，甚至闹到有关领导那里去。三是不足额发放。这个问题最易引起班组成员反感，甚至影响班组长与班组成员的关系。所以，不要小看奖金分配，说到底，也是政治问题，应引起高度重视。

3. 过于主观武断

俗话说，县官不如现管。班组长的一举一动直接影响班组成员的行为。如果班组长主观武断，办事不民主，一人说了算，易引起班组成员反感，甚至降低威信。常犯的毛病有以下几种：一是盛气凌人，没把班组成员看在眼里，一切都是自己做得对，听不得他人意见。二是主观武断，本来做错了，还死要面子，不肯改正缺点，势必脱离群众，久而久之，同班组成员关系疏远了，甚至不服众。三是遇到问题，不找班组成员商量，而是独断专行，结果办砸了，又不主动接受批评，不查找自身原因，甚至推诿，令组员反感。四是发现安全隐患，不急着处理，而是按老皇历办事，结果拖延时间，产生相反的结果。五是不尊重人格，污言秽语，有的嘴上不说，心里记恨，容易结下梁子，很不利于安定团结。

4. 管理不到位

不要小看班组，那是一个集体，由十几个人或几十个人组成，如何拧成一股绳，这里面大有学问，大有文章可做。否则，一盘散沙，各想各的，各做各的，不能齐心合力，完成生产任务都成问题。所谓学问，就是科学管理。班组虽小，事情并不少，上面千根针，下面一条线，管理不到位，这儿出问题，那儿出漏洞，呈现一团糟的局面。有的说，班组长不好当，其中原因有很多，但关键是管理不到位，问题接踵而来，忙得脚打后脑勺，结果谁都不满意。说到班组管理、安全管理、生产管理、技术管理、质量管理、设备管理等，要把这些管理做到极致，简直太难了。原因都出在对人的管理上，由于管理不到位，没有发挥其所长，没有挖掘内部潜力，没有调动积极性，致使矛盾重重，各揣心腹事，势必产生离心力。只有抓住班组内部团结，形成合力，斗志昂扬，才能将任务完成。

（三）化解方法

有很多化解内部矛盾的方法，但最主要是把班组成员当主人看，尊重他们的人格，维护他们的合法权益，最大限度地调动他们的积极性和创造性，做像许振超那样的工人。

1. 一碗水端平法

班组长就像家长一样，一碗水端平。这是化解班组矛盾的有效方法之一。所

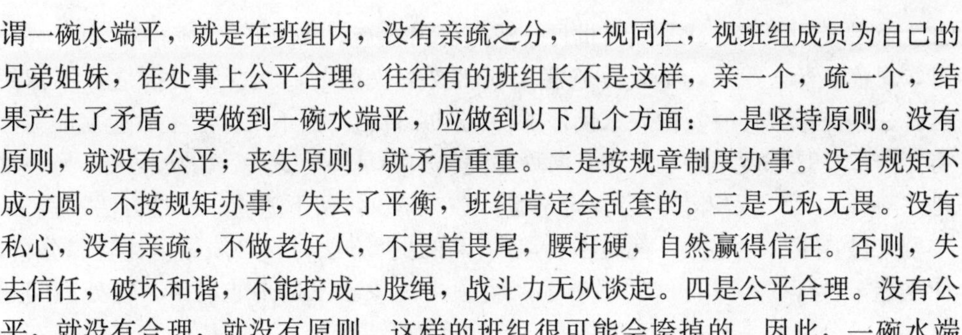

谓一碗水端平，就是在班组内，没有亲疏之分，一视同仁，视班组成员为自己的兄弟姐妹，在处事上公平合理。往往有的班组长不是这样，亲一个，疏一个，结果产生了矛盾。要做到一碗水端平，应做到以下几个方面：一是坚持原则。没有原则，就没有公平；丧失原则，就矛盾重重。二是按规章制度办事。没有规矩不成方圆。不按规矩办事，失去了平衡，班组肯定会乱套的。三是无私无畏。没有私心，没有亲疏，不做老好人，不畏首畏尾，腰杆硬，自然赢得信任。否则，失去信任，破坏和谐，不能拧成一股绳，战斗力无从谈起。四是公平合理。没有公平，就没有合理，就没有原则。这样的班组很可能会垮掉的。因此，一碗水端平，看似简单，但做起来并不容易。

2. 对症下药法

班组长是个“思想医生”，对班组成员的脾气秉性应了如指掌，不同的人采取不同的方法，方能取得意想不到的效果。所谓方法，就是开药方，比如，脾气暴躁的，不能硬碰硬。再比如内向的，不要急于求成，需要慢慢调理。要治好班组成员的“病”，必须遵循以下原则：一是开对药方。药方没开对，吃多少药都治不了病，去不了根。必须依据病情开药方。二是因人而异。不同的病症，开不同的药方，这叫对症下药。三是循序渐进。药量不宜过大，又不能过小，应适中，使病情有所缓解，以达到治病救人目的。四是双管齐下。所谓双管齐下，是指采用两种以上的方法，更具有作用，更能取得疗效。通过对症下药，疗其病，解开矛盾，心情舒畅地去工作，去劳动，使班组形成一个有机的战斗集体。

3. 以理服人法

有理走遍天下，无理寸步难行。班组长要以理服人，不能用大帽子压人，更不能以势欺人。否则，会加剧矛盾，影响班组内部团结。所谓“理”，就是道理、公理、常理，换句话说，就是规章制度，就是法律法规。这是做好思想政治工作的钥匙。要管好组员，打铁须得本身硬，一要了解或掌握有关生产安全法律法规及有关规章制度，知道违反哪一条款，以便予以纠正或处理。班组长不要当南郭先生，更不能乱点鸳鸯谱，那样做会适得其反。二要晓之以理，动之以情。要善于讲道理，不要简单粗暴，更不能一棍子打死。要动之以情，从思想上入手，解决认识问题，使之幡然醒悟。三要指出具体问题，不能一概而论。到底存在什么问题，怎样改正，要说得清清楚楚，别含含糊糊的。四要指点迷津，迷途知返。批评教育的目的是使其不重犯此类错误，指出前进方向，痛改前非。

4. 一把钥匙开一把锁法

一把钥匙开一把锁，顾名思义，是指对号入座，或是卤水点豆腐，一物降一物。这个方法，符合辩证唯物主义原理，事物特殊性决定了解决问题的方法。第一，工夫下在调查研究上。调查就像“十月怀胎”，解决问题就像“一朝分娩”，调查就是解决问题。第二，对症下药。在全面调查了解的基础上，开始选择良

方。或是个别谈心，或是点名批评，或是班内检查，或是强化激励等，再开好药方，对症下药。第三，不留后遗症。既然要解决问题，就要解决彻底，不留尾巴。往往在做工作时，把人家批评了，反倒弄自己一身不是。产生后遗症的原因有3个：一是态度不够端正。有两种态度，一种是惩前毖后、治病救人，另一种是“整人”，采用后者，对方肯定不服，必然结仇，留下遗憾。二是方法不科学。小题大做，或大题小做，都是不可取的。在选择方法时，必须做个比较、分析，使之趋于合理、科学，这样不至于产生顶牛现象。三是是非混淆。在处理问题时，必须分清谁是谁非，不能各打50大板，更不能装好人，不负责任。只有这样，真正做到一把钥匙开一把锁。

5. 感情投资法

所谓感情投资，是指向生活遇到困难的人提供帮助，雪中送炭，安抚人心。一般来说，人若在生活上遇到困难，就会出现心情不畅，情绪不高，工作没劲头，甚至容易出错。除了谈心、安慰外，更主要的是解决实际问题，不能画饼充饥。应该说，班组成员在生产经营中结下了深厚的友情，谁有困难，伸出援手，予以资助。一般有两种情况予以感情投资，第一，天灾人祸，生活拮据。班组长带头慷慨解囊，解决燃眉之急。第二，婚丧嫁娶，红白喜事。青工结婚，班长带领工友前去贺喜，馈赠礼品或礼金。别看事不大，但礼轻情意重，能引起亢奋、自豪，留下很深的印象。感情投资不能滥用，要掌握分寸，不能事事都投资，把投资庸俗化了，非但达不到目的，反倒成了笑柄。

三、案例细说

细雨润无声

班长白国周，长期在井下作业，他不靠粗门大嗓指挥，而是言传身带。有一次，他发现掘进工张正平干活时为图省事，进入工作面后没按照操作工序先对工作面进行敲帮问顶就开始作业。他巡视到了张正平作业的地点，一眼看到张正平头顶正上方有一块岩石已经裂开了大缝。白国周一个箭步上前，一把推开张正平，找来钎子，轻轻往裂开的岩石一戳，几块岩石哗啦啦地掉了下来。看到这一幕，张正平吓出一身冷汗，连声说“再也不敢大意了”。

谁说井下是粗拉活，要是做得不精细，过程不完美，也会出问题的。班里有个叫叶振立的，下井后慌着干活儿，风筒没有接到位就领着徒弟开始施工。“老叶，风筒够不够5 m?”一听到白国周的喊声在耳边响起，正抱着锚头打眼的叶振立马上意识到违章了，赶紧丢下工具接风筒。升井后，白国周又找叶振立谈心，对他说：“咱们都是家里的顶梁柱，上有老下有小，出个事咋办？安全的事一点都不能马虎，以后说啥得往心里去。”话语虽不多，像毛毛细雨，滋润着心田，从那以后，叶振立再没出现过违章现象。

在井下，白国周干啥活儿都冲在最前面，和掌子工一起打眼、出砟、喷浆。长期以来，他所带的班组在队里总是超额完成各项生产任务，工友们从来没有因为安排工作的事情发生过争执。他归纳的“班组管理法”中有个“三必谈”：即发现情绪不正常的人必谈；对工作中受到批评的人必谈；每月必须和全体工友聚在一起谈心。他说：“矿工们疲倦劳累、心情不好，这些情绪会导致精力不集中，容易发生事故。”

2008 年 3 月下旬，开拓四队接到一项紧急任务，公司要求他们在月底前完成三轨道挡水墙的浇筑工作。为了按时完成任务，队里把白国周班紧急抽调了过去。接到任务后，白国周首先来到现场，在上一个班没有下班前，向他们详细询问当班的生产情况，并实地察看作业环境，了解到影响工程进度的主要原因是卸料井筒淋水大，工作环境差。等大伙儿都来了之后，他分工时要求每个人必须保质保量完成任务，自己则不声不响地穿上雨衣，挑了个最苦的工作——站在最前面淋着水把拌好的沙子、水泥、石子从吊桶里往外扒，这一幕让大伙儿都非常感动。哪里有困难，哪里就有他的身影。

白国周说，自己做的都是平凡的事情，而平凡的事情要做出不平凡来，就要靠“三心”：“用心做事，爱心对人，恒心坚持。”由于从不偷奸耍滑，干活儿从不惜力，也从不居高临下地对弟兄们指手画脚，在他的班里，十几个家庭形成了一个和谐的“大家庭”。

经典语录　四、经典语录

（1）经验能帮人也能害人，凭经验蛮干最坑害人。

（2）好条件放心也担心，警惕性丧失最伤心。

（3）安全来自经常的警惕，事故发生于麻痹大意。

（4）班前讲安全，大脑多根弦；班中查隐患，工作保平安；班后比比看，人人不违反，回家想安全，警钟声不断。

（5）常警惕，化险为夷；常麻痹，事故不离。

（6）一时疏忽，可能唱出咏叹调；百般小心，可能谱写幸福歌。

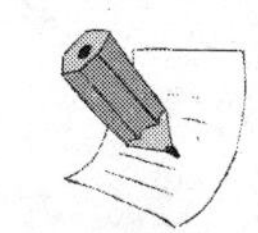

安全知识测试　五、安全知识测试

1. 测试题

（1）特种作业人员经过________合格取得操作许可证者，方可上岗。

A. 专业技术培训考试　　B. 文化考试　　C. 体能测试

(2) 气瓶的瓶体有肉眼可见的突起（鼓包）缺陷的，应________处理。

A. 维修　　B. 报废　　C. 改造使用

(3) 在焊接作业中，为保护操作者的安全，保护片一般累计使用________h更换一次。

A. 4　　B. 8　　C. 24

(4) ________是利用气体燃烧的火焰作为热源的焊接方法。

A. 气焊　　B. 气割　　C. 电焊

(5) 乙炔瓶的储藏仓库，应该避免阳光直射，与明火距离不得小于________m。

A. 5　　B. 10　　C. 15

(6) 锅炉的三大安全附件分别是安全阀、压力表、________。

A. 电表　　B. 温度计　　C. 水位表

(7) 在气瓶运输过程中，下列________操作不正确。

A. 装运气瓶中，横向放置时，头部朝向一方

B. 车上备有灭火器材

C. 同车装载不同性质的气瓶，并尽量多装

(8) 电焊时，若有其他人在场，应采取下列________安全措施。

A. 放置警告牌以示警惕

B. 放置警告牌，在工作场所周围设置屏幕

C. 规定在场人士佩戴眼镜

答案： (1) A　(2) B　(3) B　(4) A　(5) C　(6) C　(7) C　(8) B

第十九章

勇于创新攀高峰

一、相关漫画

创新——必须的

二、勇于创新精讲

（一）要有创新思想

1. 创新是历史的必然选择

所谓创新，就是以新思维、新发明和新描述为特征的一种概念化过程。它包括三层含义，第一，更新；第二，创造新的东西；第三，改变。创新是人类特有的认识能力和实践能力，是人类主观能动性的高级表现形式，是推动民族进步和社会发展的不竭动力。班组是企业最基层的生产组织，是生产组织中最小的单元，在这个最基层的组织、最小的单元进行安全创新，等于抓住了安全生产的根本。随着企业的发展，社会的进步，安全工作越来越显得重要，因为安全关系到人的生命。一切阻碍和滞后安全发展的法律法规以及规章制度，都要进行改革，都要被新的思想、新的方法、新的制度所取代，这是社会发展的必然规律。作为班组安全创新，大体表现在以下五个方面：一是思想创新。与时俱进，更新观念，开拓进取。二是制度创新。制度是死的，人是活的，怎样利于管理，利于安全，就应有所变化。三是管理创新。应从实际出发，像中平能化集团七星公司开拓四队班长白国周从本班实际出发，先后总结提炼了理念引领法、班前礼仪法、指令处理法、“三不少”隐患排查法、“三必谈”身心调适法、“三快三勤”现场管理法、互助联保法、手指口述交班法、亲情和谐法等班组安全管理九法。四是方法创新。像过河一样，采取什么方法，大有学问。五是道德创新。包括职业道德，产品质量，用户服务以及责任心等。

2. 安全生产必由之路

班组安全生产，必须通过创新得以发展和实现。这不是件容易的事。如果我们企业班组仍沿袭陈旧的方法、陈旧的管理制度，不能与时俱进，往往是事倍功半，达不到安全生产的目的。那么，安全生产如何创新，不是说在嘴上，而是落实到行动上。实践证明，班组能否实现安全生产，关键在于班组成员有较强的安全意识，有严格的规章制度，还有科学的管理方法，通过这些手段，以制约和约束其违章行为，较好地完成生产任务。诚然，手段也好，方法也罢，这些不是天上掉下来的，而是班组在总结经验教训的基础上，加以提炼升华，并运用到班组安全生产之中去。我们搞创新的目的，不是否定原有的管理制度、方法，而是在此基础上，加以补充、完善、提高，以创造新方法、新制度，适应和满足班组安全的需要。所以说，没有创新，就没有安全生产。

3. 安全发展的前沿阵地

安全发展不是口号，而是有实实在在的内容。从哪里体现出来，只有通过班组才能检验安全发展的成果。只有安全创新才能求得安全发展。我们都知道，班组置于安全生产第一线，安全管理有没有创新，方法有没有变化，是否符合安全生产实际，只有通过班组来检验。如果安全发展的重点在班组，那么班组是处在安全生产的前沿阵地，所有的事故都发生在班组，所有的安全隐患都在班组中显现出来，如果企业不在班组上大做安全发展的文章，安全生产只能空喊口号而已，非但见不到实效，而且安全状况依然是涛声依旧。所以说，班组是安全发展的前沿阵地，不是没有道理的，关键在于采取实际步骤，把安全发展的方针落到班组，这是班组创新的根本目的。

4. 科学发展的桥头堡

2012 年安全月口号是安全发展、科学发展。二者是辩证的，缺一不可。也就是说，没有科学发展，就不可能有安全发展，而安全发展必须依靠科学发展才能够实现。科学技术是第一生产力，在安全生产上发挥越来越大的作用。比如，煤矿采掘实现机械化，使用了掘进机、采煤机和液压支架等，班组生产力水平大大提高，同时也对安全生产提供了保障。从哪显现科学发展，主要是看班组的机械化水平以及安全防治能力。再如，安全科技成果“生命舱”，设置在采场附近，一旦发生事故，既有躲避场所，又能延长施救时间。看企业安全情况，主要看班组，而最能表现班组安全的，还是看科学技术应用如何。由此说来，班组是科学发展的桥头堡，无疑是正确的。

（二）开创新思维开创新领域

1. 思想创新

思想创新是指增强科学发展意识，破除影响和制约发展的旧思想、旧观念、旧体制、旧机制，坚持改革开放，创新体制机制，最大限度地解放和发展生产力。一要破除因循守旧、故步自封的保守思想，树立大胆创新、敢闯敢试的进取意识。二要破除小富即安、小进即满的落后观念，树立勇争一流、合作共赢的发展意识。如果我们没有思想创新意识，安全生产状况依旧如此，只能在原地踏步，依然重复以前的生产方式，阻碍生产力的发展。思想创新并不是胡思乱想，更不是空想，必须以正确思想作指导，必须结合安全生产实际，在管理体制上、制度上、方法上求变、求新，迈出一步天地宽。

2. 制度创新

制度创新是指在人们现有的生产和生活环境条件下，通过创设新的、更能有效激励人们行为的制度、规范体系来实现社会的持续发展和变革的创新。所有的创新活动都有赖于制度创新的积淀和持续激励，通过制度创新得以固化，并以制度化的方式持续发挥着自己的作用，这是制度创新的积极意义所在。我们对现有的安全体制、制度进行必要的变革，其目的不是全盘否定以往的规章制度，而是让规章制度更好地保护劳动者的生命安全。随着时代的发展与进步，有的规章制度不适应安全管理的需要，必须对其动手术，吸取合理的东西，摒弃不符合安全发展的条款，以利于安全生产。比如，职业道德创新制度，用来制约和约束组员行为的，一是认真负责，保证产品质量。二是遵章守纪，保证人身安全。三是对国家和人民负责，生产优质产品。制度创新的目的，就是更好地制约和约束人的行为，保证人的生命安全。

3. 技法创新

创新技法是从创造技法套用过来的，是创造性思维发展规律和大量成功创造与创新实例总结出来的一些原理、技艺和方法。它的应用既可直接产生创造、创新成果，同时也可启发人的创新思维，提高人的创造力、创新能力和创造、创新成果的实现率。技法创新并不是大脑臆想出来，而是与安全实践相结合的产物。怎样做到技法创新，大体应该遵循以下原则：一是创造性思维方式，打破墨守成规、因循守旧的做法，驾驭安全发展规律。二是必须跟创新实例相结合，有所发展，有所创造。三是符合安全生产规律，有利于创造、创新成果的实现。所以说，没有技法创新，就没有创造、创新的成果。

4. 管理创新

管理创新是指组织形成一创造性思想并将其转换为有用的产品、服务或作业方法的过程。富有创造力的组织能够不断地将创造性思想转变为某种有用的结果。当管理者说到要将组织变革成更富有创造性的时候，他们通常指的就是要激发创新。管理创新是指企业把新的管理要素（如新的管理方法、新的管理手段、新的管理模式等）或要素组合引入企业管理系统以更有效地实现组织目标的活动。从安全事故的原因看，主要是我们的管理不到位。从管理内容看，包括以下内容：安全管理、技术管理、质量管理以及民主管理。从管理的效果看，不很理想，其原因如下：一是管理内容与实际脱节，不能发挥作用。二是管理内容陈旧，不能制约和约束人的行为。三是管理缺乏创新，激发不出活力，达不到管理的目的。要坚持以人为本的方针，所有的管理都是围绕安全进行的。我们既要生产，又要保护班组成员安全，这才是社会生产的目的。

（三）怎样发挥创新作用

1. 落实以人为本方针

安全创新的目的是更好地落实以人为本方针。比如煤矿企业，通过安全创新，引入新的安全理念，采用新技术、新工艺，推行安全标准化，大大改善矿井安全条件。对小煤矿采取技术改造或关停，使百万吨死亡率下降为零，这是广大

矿工的期待。能否实现，关键看安全创新。其实安全创新，必须结合班组实际，在安全上做文章，并采取措施，以发挥创新作用。

通常来讲，从哪些方面落实以人为本的方针？一是提高安全意识是落实以人为本方针的前提。必须加大安全培训力度，采取灵活多变的形式，不能以罚款取代安全教育。绷紧安全这根弦，扎紧安全篱笆，有利于安全创新。二是加大安全投入是落实以人为本的基础。没有投入，只能是画饼充饥，毫无意义。只有投入，才能实现机械化、电气化和信息化，继而大大提升安全系数，有力地保障人的生命安全。三是加大安全管理力度是落实以人为本的根本措施。在某种意义上讲，之所以出事故，还是我们管理手段滞后，安全责任制没有得到落实。

2. 安全扎根到班组

安全扎根于班组，不是理念，而是安全工作的着力点和归宿点。人所共知，安全事故出自班组，受伤害的又是组员，如果抓好班组安全，企业的安全就迎刃而解了。作为企业来说，从上到下，都应该转变观念，把工作重心转移到基层班组上来。安全扎根于班组，算是创新。第一，从管理体制上创新。企业应建立班组管理机构，专门抓班组管理。第二，从安全教育上创新。安全培训的重点应是班组长和广大工人。并做到四有：有规划，有投入，有内容，有成果。第三，从管理方法上创新。极大地调动广大工人的积极性和创造性。重点抓敬业爱岗，诚实守信以及职业道德。第四，从安全责任制上创新。应采取有效的方法：一是责任与分配挂钩，二是责任与奖罚挂钩，三是责任与荣誉挂钩。其目的是使组员人人履行安全责任。

3. 在创新中求发展

说到这个问题，应从以下 4 个方面谈起：第一，创新是求变。创新是求得事物的发展变化的，没有变化，停止在原有的基础之上，没有生气，一潭死水。班组安全文化创新，正是求得变化，更上一层楼。第二，创新是求新。就是有所变化，而不是墨守成规。第三，创新求创造。创新就是创造，没有创造，体验不到创新。中平能化集团七星公司开拓四队班长白国周在生产过程中，严格落实安全生产的各项制度，不断探索班组安全管理的新方法。他先后总结提炼了理念引领法、班前礼仪法、指令处理法、“三不少”隐患排查法、“三必谈”身心调适法、“三快三勤”现场管理法、互助联保法、手指口述交班法、亲情和谐法等班组安全管理九法，并坚持把这些管理方法运用到生产实践中去，创造了 22 年没有出现任何安全事故的奇迹。第四，创新是求发展。创新不光追求形式，而是推动事物向前发展。

4. 在发展中求创新

在发展中求创新，这个说法符合哲学的观点。班组安全大有文章可做，只是有些人没把重点放在这上面。着重从以下4个方面提高认识：第一，发展是创新的必然。创新是推动事物的发展，这是任何人所阻挡不了的。第二，发展是创新的动力。班组安全文化是班组管理组织在组织班组生产作业过程中以及班组成员在班组生产过程中，为维护自己免受意外伤亡或职业伤害困扰而创造的各类物质的以及意识形态领域成果的总和，是个系统工程。第三，发展是创新的基础。发展是无止境的，是长江后浪推前浪，更具有活力。第四，发展是创新的继续。没有发展，创新不可能继续。以班组管理而言，关键是否动脑筋，想办法，永不停滞，那就需要创新。其实，创新不是口头禅，而是客观存在的，不创新就是停止，就是后退。班组安全生产就没有保障。

三、案例细说

有趣的“牌板展”

说到安全创新，人们似乎很神秘，不知道怎样做才是创新。有的说，创新是纸上谈兵，是理论上的事，是搞新花样，如机制、理念，同出一辙，都是很时髦的名词。果真如此吗？不是的，只要结合实际，开动脑筋，世上就没有办不成的事。

这里举个例子：2012年5月22日上午，冀中能源峰峰集团孙庄采矿公司广场上，人流如潮，数十块醒目的牌板林立，来自采矿公司各个单位的广大职工正在认真观看采矿公司举办的《重温、铭记、强化、共保》牌板展，此次牌板展内容丰富，有“铭记教训，防范事故”为主题的安全案例回顾，有近年来职工在实践工作中探索出的安全生产方面的技术革新、发明创造等。

一块块的牌板，或让人刻骨铭心，或给人以深刻启发。安全事故牌板，共展出了顶板、瓦斯、机电、运输、放炮等6个类型的典型事故案例10起，伴随着讲解员声情并茂的讲解，广大职工听得聚精会神、目不转睛，牌板上，那一个个典型、惨痛的事故教训，配以直观的现场情景漫画图片，向大家鲜活地再现了一起起事故的始末，以及事故给家庭和亲人造成的巨大伤痛，强烈地震撼着每一名观看者的心。

可以说，这次“牌板展”也是创新，是安全教育创新。通过事故案例，进行安全教育，广大职工感到新鲜，又打下深刻的烙印。职工发明创造成果牌板，展出了采矿公司职工为促进安全生产、减轻劳动强度、提高生产效率等方面的创新成果，与以往不同的是，为激励善学习、爱学习者的积极性，采矿公司将每一项发明创造成果，都以发明者的名字来命名，如郭文川可伸缩式拉杆、靳学兵装岩

机导向轮、张银林可旋转式物料牌等，这种别出心裁的方式很好地激发了广大职工的企业荣誉感和主人翁意识。

他们这样做，本身就是创新，既是形式上的变化，又包含质的变化，比如，以发明者的名字命名的发明创造成果，就是大胆创新。孙庄采矿公司给我们做出创新的示范，只要勇于开拓，班组安全管理，也会创造多种形式，并结出丰硕成果。

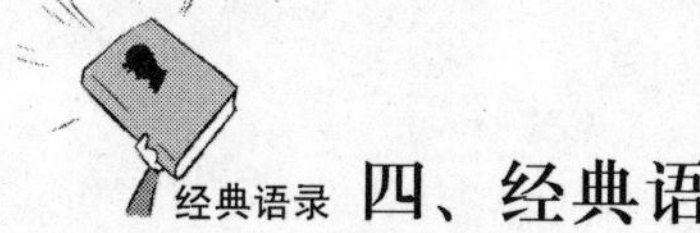

四、经典语录

（1）创新就是求新，改革就是求变。求新不是排斥传统，而是继承传统；求变不是表面背叛，而是内在蜕化。科学的本质就是创新，变化的本质就是发展！

（2）怀疑是痛苦的开始，释疑是快乐的开始。怀疑固然可以，求证更加重要，与其长时间的怀疑，不如短时间求证！

（3）拥有远见比拥有资产重要，拥有能力比拥有知识重要，拥有人才比拥有机器重要，拥有健康比拥有金钱重要！

（4）聪明人看得懂，精明人看得准，高明人看得远。智者的声音是愚者的方向，无法放弃过去的无知，就无法走进智慧的殿堂。偏见比无知更可怕！

（5）播下一个行动，收获一种习惯；播下一种习惯，收获一种性格；播下一种性格，收获一种命运。思想会变成语言，语言会变成行动，行动会变成习惯，习惯会变成性格。性格会影响人生！

（6）等一等就安全了，让一让就过去了，忍一忍就和谐了。

安全小故事

五、安全小故事

人多的地方也有大灰狼

在英国，男人是英国人，女人也是英国人。

而小动物呢，他们有一个国家叫神秘岛。神秘岛里是无边的大森林。一望无际的绿色草地，开满了不知名的小黄花。森林的尽头是宏伟的大教堂。

早晨，一只小兔去上学，他叫瑞贝特（Rabbit）。很久才能见到一只小动物，森林里安静得出奇，有点冷冷的。他遇到了小马波尼（Ponny），小兔问："森林里有大灰狼吗？"小马说："没见过。"小兔又见到了小狗道哥（Dog），小兔问："森林里有大灰狼吗？"小狗说："没见过。"

当小兔走近大教堂时，他才放心了。教堂里有美丽的风琴，还有好吃的小点心呢。心想："世界上根本就没有大灰狼。"教堂边小动物欢蹦乱跳，像过节似的。一个戴头巾的老婆婆笑眯眯地走过来，手里拿了一根红红的胡萝卜。小兔刚要接过胡萝卜，突然，看见老婆婆的裙子下面有一条尾巴。小兔笑着说："我吃饱了。"就蹦蹦跳跳地跑走了，气得狼外婆嗷嗷叫。

原来，人多的地方也有大灰狼。

第二十章

优质高效立奇功

一、相关漫画

优质高效是王道

二、优质高效精讲

(一) 优质高效的由来

1. 班组建设需要

打开企业优秀班组长的历史画卷，展现在我们面前的是一个个虎虎生威的形象，他们的名字耳熟能详，他们的事迹被广为传诵，像孟泰、王崇伦、赵梦桃、王进喜，还有当代工人先锋许振超、全国班组管理典范白国周等，他们带出特别能战斗的班组，培养了大量的人才，是企业的精英，是时代楷模，是先进生产力的代表。我们正是有了这样的班组，才能推动企业向前发展。我们建设班组的目的，就是培养锻造时代骄子，生产优质产品，并以出色成绩创出牌子，为企业增效。在某种意义上说，企业的实力看班组，班组的实力看班组成员，班组成员的实力看是否优质安全高效，企业的竞争是班组的竞争。为此，企业加大班组建设力度，给以很大的投入，这无疑是正确的。通过优质安全高效促进班组管理，继而推动班组的健康发展。

2. 安全生产需要

安全生产通过什么手段来实现，有的说通过法律的制约和约束，有的说通过规章制度的管理，还有的说通过安监部门的监管。这些说法都是对的，但是最重要的是通过生产优质产品（工程）来实现。比如，建造的大桥由于质量问题，造成桥塌人亡的悲剧。我们抓安全生产，不是就制度抓制度，而是抓在生产过程中的细节，这些细节做得如何，决定了产品（工程）的质量，而质量的优劣又决定安全生产。所以说，质量与安全，二者是相辅相成的，没有过硬的质量，安全便无从谈起。现实生活中，往往就安全抓安全，却忽视产品（工程）质量，结果给生产留下了隐患，很多事故案例证明，由于质量不好或质量不过硬，发生了很多不该发生的事故，给国家和集体造成很大的经济损失，给人民的生命和财产制造很大的威胁。我们抓优质高效，正是抓住了安全生产的命脉，这个观点不容置疑。

3. 企业发展需要

企业靠什么发展？靠机械化、电气化和信息化，这无疑是正确的。然而，没有掌握过硬本领的人，生产劣质的产品（工程），坑害了国家或个人，是自己砸了自己的牌子。有些著名企业，之所以能够立于不败之地，是因为他们拥有过硬的产品，打开了国内外市场。在家电方面，像海尔就创出了品牌，在我国家庭占有率很高。应该说，海尔原是个很不起眼的小企业，像滚雪球一样，逐步发展壮

大，跻身于世界知名企业之中，最重要的是，拥有自己的品牌，而这个品牌靠什么赢得客户的青睐，最主要是“优质”，没有优质，就是没有客户，就没有企业发展。因此，优质决定企业的命运，决定企业的发展。任何有出息的企业家，都应把企业的重点放在优质高效上，并在“优质”二字上大做文章。

4. 企业与企业竞争需要

有人说，企业竞争是优胜劣汰。所谓优胜劣汰，泛指质量的竞争，有些劣质产品被淘汰，而优质产品富有强大的生命力。从市场的角度看，一些质量差的企业逐渐消失，一些优质的产品却站住了脚。如果说，企业能够生存，说明企业有敢于竞争的产品。优质产品源于有过硬的班组，一个企业没有信誉、没有资质、没有一批能工巧匠，很难生产出过硬的产品。只要我们细心观察一下就可以看出为什么有些企业利润高，有些则利润差，主要是由于产品的质量不同，而产品质量又是由人来掌控的，所以说，企业的竞争，是人与人的竞争。通过人才竞争，涌现技术精湛、精心施工的人员，他们是先进生产力代表。说到底，企业竞争是生产力的竞争。

（二）优质高效的标志

1. 有自己的理念

所谓理念，事实上是把人从个别事物中抽象而得的普遍概念加以绝对化，并把它说成是事物的原型。这种永恒不变的理念的总和构成理念世界。理念就是理性化的想法，理性化的思维活动模式或者说理性化的看法和见解。它是客观事实的本质性反映，是事物内性的外在表征。如果说优质高效就是理念，那么产品外在表征在于结实耐用，美观大方。检验班组所生产的产品是不是经久耐用、物美价廉，主要体现在优质高效上。要想达到这个目的，并不容易，需要有很大的付出，关键是有自己的理念，这种理念不是与生俱来的。我们说理念并不神秘，只要有理性化的想法，那么我们所要的优质高效正是我们所要坚持的理念。

2. 有自己的机制

班组要实现优质高效的目标，并不是件容易的事情，需要有自己的机制。作为班组来讲，做到优质高效需要有哪些机制，才能达到预期的目的，大体上包括以下 3 个方面：第一，是机制是经过实践检验证明有效的、较为固定的方法，如按质付酬、按劳分配等。第二，是机制本身含有制度的因素，并且要求所有组员遵守，而单纯的工作方式、方法往往体现为个人做事的一种偏好或经验，如罚款制度、淘汰制度等。第三，是机制是在各种有效方式、方法的基础上总结和提炼的，而方式、方法往往只是做事的一种形式和思路。各个班组在创优质高效上，虽方法不尽相同，但目标是一致的。

3. 有自己的途径

哪个班组都想创优质高效，但事实上并非如此。如果怨天尤人，或者是得过且过，始终达不到目的，走不到彼岸。这里存在着途径问题。一是加大培训力度，掌握先进技术和技艺，这是非常重要的。没有技术岂能创造优质产品。二是重视人才管理，工人实行分级管理，什么级做什么活，获得什么报酬。班组拥有技师或高级技师。三是严格制度。不按规章制度办事，特别不执行操作规程，我行我素，等于埋下“定时炸弹”。比如，盖楼或筑桥，为降低成本，做手脚，以次充好，致使砼强度不够，安全系数大打折扣。四是淘汰制。有些施工队资质不够，又屡出质量事故，这样的施工队伍，应予以淘汰。五是奖优罚劣。对优质产品（工程）予以重奖，对劣质产品（工程）予以重罚，大体办法是：其一，推倒重来，不搞下不为例。其二，加大罚款力度，杀一儆百。其三，劣质产品（工程），作为反面典型，不光通报批评，而且要媒体曝光。

4. 有自己的品牌

大凡企业，都有自己的品牌，如轮胎行业有双钱、回力、朝阳、威狮、好运、雅度、前进、大力士、多力通、金刚等优秀品牌。在某种意义上说，品牌标志着质量，标志着信誉，标志着效益。按理说，每个班组都应有自己的品牌。然而，品牌有两种形式：一个是以产品质量命名的，另一个是以生产品牌产品的班组长命名的。比如，赵梦桃小组、铁人王进喜的1205钻井队、产业工人的杰出代表许振超、白国周班组等。不管哪一种形式，既然叫品牌，就非同凡响，就是先进生产力。然而，品牌又不是凭空臆想的，是经过长期的实践积累有一定影响的并得到社会认可的。产品的品牌可以促进生产力发展，以人命名的品牌也是最大的生产力。所以说，优质高效也是品牌的标志，不无道理。

（三）怎样做到优质高效

1. 勇于创新

能不能达到优质高效，关键看班组能不能创新。如果老是按部就班，没有变化，没有办法，没有措施，没有新招数，在质量管理上，靠人治，而不是法制，四平八稳，就没有起色，没有发展。我们说创新，在管理上强化责任制，在制度上坚持以法创优质，在对组员管理上坚持人性化。只有这样，才能使产品质量更上一层楼。怎样做到创新？我们既不能邯郸学步，又不能思想僵化，而是结合企业实际，主要是班组实际，力求在体制上、制度上、管理上，动脑筋，想办法。质量创新的方法是变线性思维过程为多维思维过程。由于创新方法不同，结果大不一样。又如，山东能源新矿集团孙村煤矿巷修工区针对安全隐患整改不彻底和隐患重复发生的问题，开展现场隐患“大扫除”活动，谁找到隐患，谁就会得到10～50元不等的奖励。安全创新，采取隐患排查“挂牌定价”，很有创意。

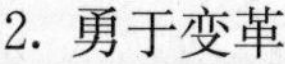

2. 勇于变革

变革的驱动力包括：竞争的出现、科技的进步、降低成本的需求、全球化经济的形成、顾客期望的提升。所以，我们为什么要对质量进行变革，道理正是于此。一个组织只有为顾客增加价值才能够成功。尤其是生产班组，变革尤显重要。比如，科技进步，通过小改小革，合理化建议等，这种做法的好处如下：一是提高生产力水平，劳动效率大大提高。二是提高产品质量，上档次，上水平。三是优质高效大大提高企业效益。再比如，班组内部管理变革，强化内部管理，加强责任心，保证产品（工程）质量，本身就降低成本，提高效益。勇于变革，首先是变革思想，在变革中求质量、求效益、求发展。

3. 勇于竞争

竞争是指个人或团体，为达到某种目标，努力争取其所需求的对象。企业竞争就是企业为了获取自己最终的利益和发展，而与其他企业在市场上开展争胜的活动。竞争的途径、手段多种多样，但最主要的还是以市场为中心。竞争基本上是集中围绕消费者的活动。所谓争市场就是争消费者，市场份额的大小，也就是拥有消费者的多少。竞争能力是通过追求顾客购买而显现出来的，并依此而采取的，各种旨在挫败竞争对手的斗智、斗勇，旨在争取到更多盈利或更大市场份额的各种策略和反策略。企业竞争所采用的竞争手段、竞争策略，和它们所能寻求到的竞争机会以及所能参与的竞争范围，受到自己的想象力、消费者（买方）和社会规范（包括政府的特别限制和有关的法律）的制约。说到底，企业竞争就是各企业班组之间的竞争，是质量竞争，更是效率竞争，只有优质高效才会有经济效益。

4. 勇于登攀

叶剑英说过：攻城不怕坚，攻书莫畏难，科学有险阻，苦战能过关。实际上，实现优质高效应从以下方面着手：一是有勇于登攀的信心。不能见硬就回，要勇往直前，树立必胜的信心。二是有百折不挠的精神。任何改革都不是轻而易举的，要有不怕失败的精神，善于总结经验教训，继续登攀。三是有勇于登攀的方法。硬拼不行，要动脑筋，想方设法。要集思广益，发挥组员集体的智慧，比如，小改革，投入少，见效快，既省力，又能保证质量。四是苦战能过关。任何成功都要付出心血，靠走捷径，不能持久，达不到目的，更何况登攀了。比如，白国周班组管理法，并不是由笔杆戳出来的，而是在井下摸爬滚打，靠长年的摸索，吃过很多苦头，终于取得了管理上的突破，创造出班组管理法，既符合国情，又有实用价值。优质高效是我们的既定目标，但由于班组所承担的任务不一样，登攀的制高点也有所不同，但目标是一致的，都是把班组建设好，并打造一流的班组，放飞一流的人才，这是我们创优质高效的出发点和归宿点。

三、案例细说

严细精准四字经

闻名遐迩的海洋试油作业大队试油1队，他们的“四字经”，很值得效仿。

严，严在针尖，贵在管理，这是试油1队的立队之本。2009年7月，在埕北11K－2井打捞施工作业中，由于该井井况复杂，套铣打捞施工难度大，工作稍有懈怠就会发生卡钻事故。为攻克难关，平台经理、党支部书记彭鼎一方面带头精心研究优化施工方案，另一方面在关键施工中，他亲自扶刹把和职工一起作业。特别是在套铣下单根连接方钻杆时，为防止卡钻，他打破常规采用反循环洗井不停泵接单根作业。套铣冲砂一次成功，一举捞获全部防砂管柱，为下步工序赢得了时间。

细，细在发丝，注重细节，这是试油1队的传家之宝。注重细节，赢在细节，人人出手过的硬，项项工作用心去做，是试油1队干部职工的传统习惯。施工中坚持做到“五细”，即海况气象了解细、施工工具考虑细、工艺技术交底细、安全措施检查细、配合施工协调细。在埕北251B－2井下完井管柱施工中，司钻胡长贤从侧面发现管柱口有异常情况，立即停止施工进行检查，发现是一小绺3 cm长的棉纱粘连在了油管内壁头上。一小绺棉纱看似不大，但有可能堵塞油嘴，影响产量甚至导致停产。正是有他们这样不放过一丝一毫的严细精神，才保证了施工质量。

精，精在毫厘，精益求精，这是试油1队共同的事业追求。试油1队始终把精细管理理念贯穿于各项工作之中，质量上精雕细刻，成本上精打细算。在一次施工中，甲方要求打捞工具准确到15 cm的精度，而他们认为市场上成型的工具不合适，就自己精心设计、制作了特殊工具，将打捞精度提高到7 cm，在别人无法想象的位置一举打捞成功，节省了工序，缩短了工期。

准，准在靶心，严格标准，这是试油1队成功所在。项项工作高标准，慎之又慎，万无一失。他们把“错取资料等于违法，忽视质量等于犯罪”作为职业信条。资料录取坚持做到“三不差”：时间上分秒不差、精确上丝毫不差、报表填写上一字不差。在生产施工上，严把技术交底关、“三标”施工关、自查验收关和质量回访关，严格按照设计标准施工，使道道工序达到全优。

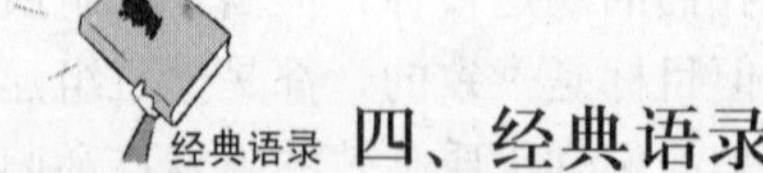

四、经典语录

（1）改革是手段，发展是目标。改革要触及一部分人的利益，能者上，平者

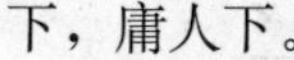

下，庸人下。

（2）如何做人，如何做事，要解决思想状态，不能说得多干得少。必须加大思想工作力度，堂堂正正，无愧于党。人人算账对比，算算切身利益。

（3）工作上要有责任心，心系装卸桥，有故障吃不香，睡不好，眼珠子发直。整天觉得不放心，工作才能搞上去。

（4）生命没有了，要东西、钱物还有何用？拥有安全就拥有生命，热爱安全就是热爱生命。保护职工生命健康，就是最大的为民谋利益。

（5）培养不出职工队伍，培育不出正确的思想。钱买不来职工的精神状态，千万别把职工引到钱眼里去。

（6）看同志思想上滑坡，生活上向高水平比，越比越没劲，越泄气。国企不可能无限制发钱，要看看社会上大多数人是什么情况。人活着不完全是为了钱，要这样就太狭隘了。精神生活随着物质生活的富裕将越来越重要。不能腰包凸了，脑子空了，精神要充实一些。

安全知识测试

五、安全知识测试

1. 测试题

（1）《国务院关于坚持科学发展安全发展促进安全生产形势持续稳定好转的意见》（以下简称《意见》）指出，积极推进安全文化建设包含________两大方面的内容。

①加强安全教育基地建设

②加强安全知识普及和技能培训

③推动安全文化发展繁荣

④努力提升全民安全素质

A. ①③　　B. ①④　　C. ③④　　D. ②③

（2）《意见》强调，________是推动安全文化发展繁荣的重要途径之一。

A. 充分利用电视、互联网、报纸、广播等多种形式和手段普及安全常识，增强全社会科学发展、安全发展的思想意识

B. 大力开展企业全员安全培训，重点强化高危行业和中小企业一线员工安全培训

C. 充分利用社会资源和市场机制，培育发展安全文化产业，打造安全文化精品

D. 加强地方政府安全生产分管领导干部的安全培训，提高安全管理水平

(3)《意见》指出，健全完善的安全生产工作格局表现为________。

A. 政府统一领导、部门依法监管、企业全面负责、群众参与监督、全社会广泛支持

B. 安全生产考核控制指标被纳入经济社会发展考核评价指标体系，各级领导干部政绩业绩考核中安全生产的权重和考核力度被加大

C. 安全生产工作被纳入社会主义精神文明和党风廉政建设、社会管理综合治理体系之中

D. 拥有完善的安全生产奖惩制度

(4)《意见》强调，发挥社会公众的安全生产参与监督作用需要________。

①推进安全生产政务公开，健全行政许可网上申请、受理、审批制度

②充分发挥各级政府安全生产委员会及其办公室的指导协调作用

③落实安全生产新闻发布制度和救援工作报道机制

④各级工会、共青团、妇联等群众组织动员广大职工开展群众性安全生产监督和隐患排查

A. ①③④　　B. ①③　　C. ②　　D. ①②③④

2. 答案

(1) D　(2) C　(3) A　(4) A